PPP 项目会计研究

孙永尧　著

中国财经出版传媒集团

经济科学出版社

Economic Science Press

图书在版编目（CIP）数据

PPP 项目会计研究/孙永尧著 . —北京：经济科学出版社，2018.8
ISBN 978 - 7 - 5141 - 9739 - 6

Ⅰ. P⋯　Ⅱ. ①孙⋯　Ⅲ. ①政府投资 - 合作 - 社会资本 - 基本建设会计 - 研究　Ⅳ. ①F830. 59 ②F014. 39 ③F285

中国版本图书馆 CIP 数据核字（2018）第 209434 号

责任编辑：刘　颖
责任校对：靳玉环
责任印制：李　鹏

PPP 项目会计研究

孙永尧　著

经济科学出版社出版、发行　新华书店经销
社址：北京市海淀区阜成路甲 28 号　邮编：100142
总编部电话：010 - 88191217　发行部电话：010 - 88191522
网址：www. esp. com. cn
电子邮箱：esp@ esp. com. cn
天猫网店：经济科学出版社旗舰店
网址：http：//jjkxcbs. tmall. com
北京季蜂印刷有限公司印装
787 × 1092　16 开　13.75 印张　180000 字
2018 年 9 月第 1 版　2018 年 9 月第 1 次印刷
ISBN 978 - 7 - 5141 - 9739 - 6　定价：48.00 元
（图书出现印装问题，本社负责调换。电话：010 - 88191510）
（版权所有　侵权必究　打击盗版　举报热线：010 - 88191661
QQ：2242791300　营销中心电话：010 - 88191537
电子邮箱：dbts@ esp. com. cn）

前　言

PPP 项目是指政府与社会资本相结合从事国家基础设施建设的一种公共产品提供机制。它改变了中国传统的财政投资方式，吸收了社会资本项目建设运作优势，优化了资源配置，能更好更多地满足消费者的需要。自 2013 年底，国家大力推广运用政府和社会资本合作模式以来，经过各方面共同努力，PPP 工作取得明显进展，市场环境逐步优化，项目落地不断加快，为稳增长、促改革、惠民生发挥了重要作用。截至 2018 年 5 月 31 日，财政部统计的全国入库项目共计 7607 个，项目总金额 11.75 万亿元，涉及市政工程、交通运输、城镇综合开发项目、文化、体育、医疗、养老、教育、旅游等 19 个行业。PPP 项目的出现，对我国会计确认、计量与披露产生了重大的影响。

《PPP 项目会计研究》一书，从项目公司运营方与授予方角度对 PPP 项目特许经营服务协议的确认、计量与披露进行了系统研究。全书分为三部分：第一部分（第一章），描述 PPP 项目背景与意义，提出 PPP 项目面临的会计问题；第二部分（第二章至第四章），从项目运营方角度比较了美国、英国、欧盟、国际会计准则理事会关于 PPP 项目规范，研究了他们的共同点与差异点，分析与论述了 PPP 项目会计处理一些关键问题，提出了完善中国 PPP 项目会计规范建议；第三部分（第五章），从授予方角度比较了国际上关于 PPP 项目会计处理规范，指出了 PPP 项目授予方会计处理特征与项目公司处理差异，提出制定中国 PPP 项目授予方会计准则建议。本书对 PPP 会计研究，不仅实现了会计理论创新，而且对中国项目方与授予方会计准则建设具有重要借鉴意义。

我的学生赵飞、李萌蕊、刘佳、李明英、李洋、娄娟、李丹、李杨、陈思羽、张婧参加了本书英文翻译工作，对她们的辛勤劳动在此表示感谢！

本书在中国财政科学研究院 2017～2018 年跨年度招标课题《PPP 会计问题研究》基础上撰写而成，并得到了课题经费出版资助。

中国财政科学研究院　孙永尧
2018 年 7 月

2

目 录

Contents

第一章

PPP会计问题

第一节　PPP 相关概念界定

一、PPP 含义

正如其他概念一样，对何为 PPP，在不同国家有着不同解释，对于学术界也同样如此。

2010 年以前，英国对基础设施的 PPP 模式主要采取"私人融资倡议"（private finance initiative，PFI），即政府通过与市场投资人签订合同，由市场投资人设计—建设—融资—运营—维护（DBFOM）基础设施，合同期一般在 15～30 年。合同结束后，市场投资人将基础设施无偿移交给政府。在提高政府公共服务质量方面，英国政府认为 PFI 规模虽小，但很重要。2010 年以后，英国对 PF1 进行改革，推出 PF2，即由市场投资人设计—建设—融资—维护（DBFM）基础设施。与 PF1 的主要区别是，在 PF2 中市场投资人不再参与基础设施运营；同时，财政部对负责 PF1 事务相关机构进行了整合，统一负责 PPP 工作。

南非政府对 PPP 的定义是，通过政府与市场投资人签订合同，由市场投资人进行建设运营基础设施，将项目全生命周期中的资金、技术和运营等方面的主要风险转移给市场投资人。PPP 项目主要分三类：（1）市场投资人提供公共服务，由政府付费；（2）市场投资人从政府获得特许经营权，由使用者付费；（3）前两种的混合模式。PPP管理工作由财政部及其PPP中心、国家和省级政府部门、市级政府共同承担，直接向国会或公选的立法机构负责。财政部对项目采用PPP的可行性、采购、物有所值评估报告和项目合同管理方案等4个环节进行审批。

澳大利亚的PPP工作先在地方各州试行，其中维多利亚州的PPP规模最大，工作开展得最好。该州的PPP中心，即"维多利亚PPP合作中心"（Partnership Victoria）。维多利亚州对PPP的定义是，由市场投资人提供资金，通过设计—建设—融资—运营—维护（DBFOM）、设计—建设—融资—运营（DBFO）和设计—建设—融资—维护（DBFM）等方式建造基础设施和提供相关服务。如果政府采购的服务不涉及基础设施建设，就不算作PPP。"维多利亚PPP合作中心"设在州财政局。

联合国发展计划署1998年给PPP的概念是：PPP是指政府、营利性企业和非营利性组织基于某个项目而形成的相互合作关系的形式。通过这种合作形式，合作各方可以达到比预期单独行动更有利的结果。合作各方参与某个项目时，政府并不是把项目的责任全部转移给私营部门，而是由参与合作的各方共同承担责任和融资风险。

联合国培训研究院的概念是：PPP涵盖了不同社会系统倡导者之间的所有制度化合作方式，目的是解决当地或区域内的某些复杂问题。PPP包含两层含义：一是为满足公共产品需要而建立的公共和私人倡导者之间的各种合作关系；二是为满足公共产品需要，公共部门和私人部门建立伙伴关系进行的大型公共项目的实施。

欧盟委员会的概念是：PPP是指公共部门和私人部门之间的一种合作关系，其目的是为了提供传统上由公共部门提供的公共项目或服务。

美国 PPP 国家委员会的概念是：PPP 是介于外包和私有化之间并结合了两者特点的一种公共产品提供方式，它充分利用私人资源进行设计、建设、投资、经营和维护公共基础设施，并提供相关服务以满足公共需求。

加拿大 PPP 国家委员会的概念是：PPP 是公共部门和私人部门之间的一种合作经营关系，它建立在双方各自经验的基础上，通过适当的资源分配、风险分担和利益共享机制，最大限度地满足事先清晰界定的公共需求。

在中国 PPP 专家贾康看来，根据人们对 PPP 的认识，并结合上面比较典型的观点，可以就 PPP 及其管理模式做出这样一个定义：所谓 PPP，是指政府公共部门与民营部门合作过程中，让非公共部门所掌握的资源参与提供公共产品和服务，从而实现政府公共部门的职能并同时也为民营部门带来利益。其管理模式包含与此相符的诸多具体形式。通过这种合作和管理过程，可以在不排除并适当满足私人部门投资盈利目标的同时，为社会更有效率地提供公共产品和服务，使有限的资源发挥更大作用。[①]

PPP 模式即 Public-Private-Partnership 的字母缩写，通常译为"公私合作模式"，是指政府与私人组织之间，为了合作建设城市基础设施项目，或是为了提供某种公共物品和服务，以特许权协议为基础，彼此之间形成一种伙伴式的合作关系，并通过签署合同来明确双方的权利和义务，以确保合作的顺利完成，最终使合作各方达到比预期单独行动更为有利的结果。它是指政府和私人部门为提供公共产品与服务、基于具体项目的合作融资模式，它适用于有长期稳定收益的基础设施项目建设，其核心功能是转变公共产品的供给机制，典型做法是政府与私人部门共同组建一个

---

① 贾康、孙洁：《公私合作关系（PPP）的概念、起源、特征与功能》，载于《财政研究》2009 年 10 月。

机构，针对特定项目或资产，与政府签订特许经营合同，由该机构负责设计、融资、建设、运营，特许经营期满后机构解散、项目移交政府。

PPP 的核心是在公共服务领域引入市场机制，因此，政府要注重处理好与市场主体之间的关系，既不能"越位"，也不能"缺位"。在共同做好项目设计、规划等环节的基础上，实现"激励相容"的目标。对于该由市场做的，要放手交给市场去做。例如，对于 PPP 项目的建设、运营等具体环节，要按照"权责对等"的原则，放手交给私人部门去做，政府要减少干预。对于该由政府管的，要切实管住管好。例如，政府为保证项目的财务可持续，对项目运营提供的政策支持，包括供货或购买保证等，政府要切实担起责任，履行好职责。同时，对于供水、供电等公共产品，由于使用具有"刚性"，消费者很难在产品质量下降时"用脚投票"，这就需要政府加强监督，对项目服务效率进行监控，确保社会总体福利的最大化。

PPP 项目的特许期一般有 10～30 年，甚至更长。因此，私人部门在与政府的合作过程中，既要算好"眼前账"，更要算好"长远账"。例如，在成本核算上，不能只单纯考虑如何降低当期建设成本，而忽视项目后续的运营和维护费用。一旦项目质量出现问题，不仅会"抬高"后期项目成本，项目经营也会受到影响。此外，一些地方政府为了"招商引资"，向企业承诺了过高的收益率，在高利润的诱惑下，有的企业没有进行充分论证，就贸然进入，结果项目运营之后，政府负担不了这么大的支出压力，项目收益也就难以保证，出现政府与企业"双输"的局面。

PPP 模式不再局限于建设环节，而是贯穿项目的"全生命周期"，这就要求企业不但要有良好的建设资质，更要有过硬的运营能力。因此，国内企业要向国际先进经验学习，改变以往"单打独斗"的做法，实现"集团作战"，由运营商牵头，将设计院、工程建设企业、设备供应商、银行等联合组成利益共同体，发挥各自在项目设计、建设、运营、融资等方面的优势，提高综合实力。

PPP 是典型的项目融资，与传统的融资方式存在本质不同。在 PPP 模式下，贷款偿还主要以项目未来现金流为保障，银行对项目发起人其他资产基本没有追索权，这就需要银行等金融机构修订观念，跳出"以担保锁定风险"的传统做法，通过积极参与 PPP 项目的前期论证，合理预测项目未来现金流，评估项目融资风险，逐步从单纯的"资金供应商"转变为"综合服务商"，有针对性地提供"一揽子"融资方案。PPP 不是简单的融资模式，而是一种全新的管理理念。在运用 PPP 开展基础设施建设时，不能把思想还局限在缓解财政压力上，把推广 PPP 模式当作又一次的"甩包袱"，搞"新瓶装旧酒"。而是要以此为契机，切实转变政府职能，把更多的精力放到营造良好的、公平透明的政策环境上，把更多的注意力放到加强监管、确保社会福利最大化上。

在贾康看来，PPP 管理模式与融资模式的区别是：（1）融资只是 PPP 的目的之一，并不是全部。PPP 项目中会涉及融资问题，但不仅限于融资问题，政府和公共部门除了利用社会资本以外，大多还利用了社会生产与管理技术。（2）融资更多是考虑将自己的风险最小化。而 PPP 管理模式中，更多是考虑双方风险而将整体风险最小化。事实证明，追求整个项目风险最小化的管理模式，要比公、私双方各自追求风险最小化更能化解风险。PPP 所带来的"一加一大于二"的机制效应，需要从管理模式创新的层面上理解和总结。（3）与风险控制相对应，融资者考虑的是自己收益最大化，而 PPP 管理模式又加入了社会综合效益最大化的导向。可以说，实现收益最大化是每个融资者都要考虑的问题，但是，作为 PPP 管理模式中的合作双方，又是受到不允许过分追求局部利益制约的，因为这一模式涉及更多的公众利益。在 PPP 管理框架下，政府为了吸引民间资本进入，减少社会资本的经营风险，会确保其经营具有一定的收益水平，但又不应收益过高，如果收益过高，政府方面也会做出相应控制。①

二、PPP 类型

从《政府和社会资本合作模式操作指南（试行）》② 来看，PPP 类型主要有委托运营（operations & maintenance，O&M），是指政府将存量公共资产的运营维护职责委托给社会资本或项目公司，社会资本或项目公司不负责用户服务的政府和社会资本合作项目运作方式。政府保留资产所有权，只向社会资本或项目公司支付委托运营费。合同期限一般不超过 8 年；管理合同（management contract，MC）是指政府将存量公共资产的运营、维护及用户服务职责授权给社会资本或项目公司的项目运作方式。政府保留资产所有权，只向社会资本或项目公司支付管理费。管理合同通常作为转让—运营—移交的过渡方式，合同期限一般不超过 3 年；建设—运营—移交（build-operate-transfer，BOT），是指由社会资本或项目公司承担新建项目设计、融资、建造、运营、维护和用户服务职责，合同期满后项目资产及相关权利等移交给政府的项目运作方式，合同期限一般为 20～30 年；建设—拥有—运营（build-own-operate，BOO）由 BOT 方式演变而来，二者区别主要是 BOO 方式下社会资本或项目公司拥有项目所有权，但必须在合同中注明保证公益性的约束条款，一般不涉及项目期满移交；转让—运营—移交（transfer-operate-transfer，TOT），是指政府将存量资产所有权有偿转让给社会资本或项目公司，并由其负责运营、

---

① 贾康、孙洁：《公私合作关系（PPP）的概念、起源、特征与功能》，载于《财政研究》2009 年 10 月。

② http：//www.cpppc.org.

维护和用户服务，合同期满后资产及其所有权等移交给政府的项目运作方式，合同期限一般为 20~30 年；改建—运营—移交（re-habilitate-operate-transfer，ROT）是指政府在 TOT 模式的基础上，增加改扩建内容的项目运作方式，合同期限一般为 20~30 年。

从目前示范性 PPP 项目来看，其类型多种多样，难以确定究竟有多少种 PPP 类型。由于 PPP 类型可以叠加使用，导致现实中不断创新，层出不穷。例如，河北省衡水市奥林匹克体育中心的 DBFOT（设计—建设—融资—经营—转让），湖南省湘西自治州泸溪县污水及垃圾处理环卫一体化 PPP 项目的 TOT + BOT，等等。

按照社会资本、特许经营者和项目公司获得收入的方式，PPP 项目可分为使用者付费方式、政府付费方式和可行性缺口补助方式。使用者付费方式通常用于可经营性系数较高、财务效益良好、直接向终端用户提供服务的基础设施项目，如市政供水、城市管道燃气和收费公路等。政府付费方式通常用于不直接向终端用户提供服务的终端型基础设施项目，如市政污水处理厂、垃圾焚烧发电厂等，或者不具备收益性的基础设施项目，如市政道路、河道治理等。可行性缺口补助方式指用户付费不足部分由政府以财政补贴、股本投入、优惠贷款、融资担保和其他优惠政策，给予社会资本经济补助。可行性缺口补助方式通常用于可经营性系数较低、财务效益欠佳、直接向终端用户提供服务但收费无法覆盖投资和运营回报的基础设施项目，如医院、学校、文化及体育场馆、保障房、价格调整之后或需求不足的网络型市政公用项目、交通流量不足的收费公路等。

三、PPP 业务流程

根据《政府和社会资本合作模式操作指南（试行）》，[①] PPP

---

① http：//www.cpppc.org.

业务流程包括项目识别、项目准备、项目采购、项目执行与项目移交五个阶段。

(一) 项目识别

投资规模较大、需求长期稳定、价格调整机制灵活、市场化程度较高的基础设施及公共服务类项目，适宜采用政府和社会资本合作模式。政府和社会资本合作项目由政府或社会资本发起，以政府发起为主。

1. 政府发起

财政部门（政府和社会资本合作中心）应负责向交通、住建、环保、能源、教育、医疗、体育健身和文化设施等行业主管部门征集潜在政府和社会资本合作项目。行业主管部门可从国民经济和社会发展规划及行业专项规划中的新建、改建项目或存量公共资产中遴选潜在项目。

2. 社会资本发起

社会资本应以项目建议书的方式向财政部门（政府和社会资本合作中心）推荐潜在政府和社会资本合作项目。

财政部门（政府和社会资本合作中心）会同行业主管部门，对潜在政府和社会资本合作项目进行评估筛选，确定备选项目。财政部门（政府和社会资本合作中心）应根据筛选结果制订项目年度和中期开发计划。对于列入年度开发计划的项目，项目发起方应按财政部门（政府和社会资本合作中心）的要求提交相关资料。新建、改建项目应提交可行性研究报告、项目产出说明和初步实施方案；存量项目应提交存量公共资产的历史资料、项目产出说明和初步实施方案。财政部门（政府和社会资本合作中心）会同行业主管部门，从定性和定量两个方面开展物有所值评价工作。定量评价工作由各地根据实际情况开展。定性评价重点关注项目采用政府和社会资本合作模式与采用政府传统采购模式相比能否增加供给、优化风险分配、提高运营效率、促进创新和公平竞争等。定量评价主要通过对政府和社会资本合作项目全生命周期内政府支出成本现值与公共部门比较值进行比较，计算项目的物有所值量值，判断政府和社会资本合作模式是否降低项目全生命周期成本。

为确保财政中长期可持续性，财政部门应根据项目全生命周期内的财政支出、政府债务等因素，对部分政府付费或政府补贴的项目，开展财政承受能力论证，每年政府付费或政府补贴等财政支出不得超出当年财政收入的一定比例。通过物有所值评价和财政承受能力论证的项目，可进行项目准备。

（二）项目准备

县级（含）以上地方人民政府可建立专门协调机制，主要负责项目评审、组织协调和检查督导等工作，实现简化审批流程、提高工作效率的目的。政府或其指定的有关职能部门或事业单位可作为项目实施机构，负责项目准备、采购、监管和移交等工作。项目实施机构应组织编制项目实施方案，依次对以下内容进行介绍。

1. 项目概况

项目概况主要包括基本情况、经济技术指标和项目公司股权情况等。基本情况主要明确项目提供的公共产品与服务内容、项目采用政府和社会资本合作模式运作的必要性、可行性，以及项目运作的目标和意义。经济技术指标主要明确项目区位、占地面积、建设内容或资产范围、投资规模或资产价值、主要产出说明和资金来源等。项目公司股权情况主要明确是否要设立项目公司以及公司股权结构。

2. 风险分配基本框架

按照风险分配优化、风险收益对等和风险可控等原则，综合考虑政府风险管理能力、项目回报机制和市场风险管理能力等要素，在政府和社会资本间合理分配项目风险。原则上，项目设计、建造、财务和运营维护等商业风险由社会资本承担，法律、政策和最低需求等风险由政府承担，不可抗力等风险由政府和社会资本合理共担。

3. 项目运作方式

项目运作方式主要包括委托运营、管理合同、建设—运营—移交、建设—拥有—运营、转让—运营—移交和改建—运营—移交等。具体运作方式的选择主要由收费定价机制、项目投资收益水平、风险分配基本框架、融资需求、改扩建需求和期满处置等因素决定。

4. 交易结构

交易结构主要包括项目投融资结构、回报机制和相关配套安排。项目投融资结构主要说明项目资本性支出的资金来源、性质和用途及项目资产的形成与转移等。项目回报机制主要说明社会资本取得投资回报的资金来源，包括使用者付费、可行性缺口补助和政府付费等支付方式。相关配套安排主要说明由项目以外相关机构提供的土地、水、电、气和道路等配套设施与项目所需的上下游服务。

5. 合同体系

合同体系主要包括项目合同、股东合同、融资合同、工程承包合同、运营服务合同、原料供应合同、产品采购合同和保险合同等。项目合同是其中最核心的法律文件。项目边界条件是项目合同的核心内容，主要包括权利义务、交易条件、履约保障和调整衔接等边界。权利义务边界主要明确项目资产权属、社会资本承担的公共责任、政府支付方式和风险分配结果等。交易条件边界主要明确项目合同期限、项目回报机制、收费定价调整机制和产出说明等。履约保障边界主要明确强制保险方案以及由投资竞争保函、建设履约保函、运营维护保函和移交维修保函组成的履约保函体系。调整衔接边界主要明确应急处置、临时接管和提前终止、合同变更、合同展期、项目新增改扩建需求等应对措施。

6. 监管架构

监管架构主要包括授权关系和监管方式。授权关系主要是政府对项目实施机构的授权，以及政府直接或通过项目实施机构对社会资本的授权。监管方式主要包括履约管理、行政监管和公众监督等。

7. 采购方式选择

项目采购应根据《中华人民共和国政府采购法》及相关规章制度执行，采购方式包括公开招标、竞争性谈判、邀请招标、竞争性磋商和单一来源采购。项目实施机构应根据项目采购需求特点，依法选择适当采购方式。公开招标主要适用于核心边界条件和技术经济参数明确、完整、符合国家法律法规及政府采购政策，且采购中不作更改的项目。财政部门（政府和社会资本合作中心）应对项目实施方案进行物有所值和财政承受能力验证，通过验证的，由项目实施机构报政府审核；未通过验证的，可在实施方案调整后重新验证；经重新验证仍不能通过的，不再采用政府和社会资本合作模式。

（三）项目采购

项目实施机构应根据项目需要准备资格预审文件，发布资格预审公告，邀请社会资本和与其合作的金融机构参与资格预审，验证项目能否获得社会资本响应和实现充分竞争，并将资格预审的评审报告提交财政部门（政府和社会资本合作中心）备案。项目有 3 家以上社会资本通过资格预审的，项目实施机构可以继续开展采购文件准备工作；项目通过资格预审的社会资本不足 3 家的，项目实施机构应在实施方案调整后重新组织资格预审；项目经重新资格预审合格社会资本仍不够 3 家的，可依法调整实施方案选择的采购方式。资格预审公告应在省级以上人民政府财政部门指定的媒体上发布。资格预审合格的社会资本在签订项目合同前资格发生变化的，应及时通知项目实施机构。资格预审公告应包括项目授权主体、项目实施机构和项目名称、采购需求、对社会资本的资格要求、是否允许联合体参与采购活动、拟确定参与竞争的合格社会资本的家数和确定方法，以及社会资本提交资格预审申请文件的时间和地点。提交资格预审申请文件的时间自公告发布之日起不得少于 15 个工作日。

项目采购文件应包括采购邀请、竞争者须知（包括密封、签署、盖章要求等）、竞争者应提供的资格、资信及业绩证明文件、采购方式、政府对项目实施机构的授权、实施方案的批复和项目相关审批文件、采购程序、响应文件编制要求、提交响应文件截止时间、开启时间及地点、强制担保的保证金交纳数额和形式、评审方法、评审标准、政府采购政策要求、项目合同草案及其他法律文本等。采用竞争性谈判或竞争性磋商采购方式的，项目采购文件除上款规定的内容外，还应明确评审小组根据与社会资本谈判情况可能实质性变动的内容，包括采购需求中的技术、服务要求以及合同草案条款。评审小组由项目实施机构代表和评审专家共 5 人以上单数组成，其中评审专家人数不得少于评审小组成员总数的 2/3。评审专家可以由项目实施机构自行选定，但评审专家中应至少包含 1 名财务专家和 1 名法律专家。项目实施机构代表不得以评审专家身份参加项目的评审。项目采用公开招标、邀请招标、竞争性谈判、单一来源采购方式开展采购的，按照政府采购法律法规及有关规定执行。

（四）项目执行

社会资本可依法设立项目公司。政府可指定相关机构依法参股项目公司。项目实施机构和财政部门（政府和社会资本合作中心）应监督社会资本按照采购文件、项目合同约定，按时足额出资设立项目公司。

项目融资由社会资本或项目公司负责。社会资本或项目公司应及时开展融资方案设计、机构接洽、合同签订和融资交割等工作。财政部门（政府和社会资本合作中心）和项目实施机构应做好监督管理工作，防止企业债务向政府转移。社会资本或项目公司未按照项目合同约定完成融资的，政府可提取履约保函直至终止项目合同；遇系统性金融风险或不可抗力的，政府、社会资本或项目公司可根据项目合同约定协商修订合同中相关融资条款。当项目出现重大经营或财务风险，威胁或侵害债权人利益时，债权人可依据与政府、社会资本或项目公司签订的直接介入协议或条款，要求社会资本或项目公司改善管理等。在直接介入协议或条款约定期限内，重大风险已解除的，债权人应停止介入。

项目合同中涉及的政府支付义务，财政部门应结合中长期财政规划统筹考虑，纳入同级政府预算，按照预算管理相关规定执行。财政部门（政府和社会资本合作中心）、项目实施机构应建立政府和社会资本合作项目政府支付台账，严格控制政府财政风险。在政府综合财务报告制度建立后，政府和社会资本合作项目中的政府支付义务应纳入政府综合财务报告。

项目实施机构应根据项目合同约定，监督社会资本或项目公司履行合同义务，定期监测项目产出绩效指标，编制季报和年报，并报财政部门（政府和社会资本合作中心）备案。政府有支付义务的，项目实施机构应根据项目合同约定的产出说明，按照实际绩效直接或通知财政部门向社会资本或项目公司及时足额支付。设置超额收益分享机制的，社会资本或项目公司应根据项目合同约定向政府及时足额支付应享有的超额收益。项目实际绩效优于约定标准的，项目实施机构应执行项目合同约定的奖励条款，并可将其作为项目期满合同能否展期的依据；未达到约定标准的，项目实施机构应执行项目合同约定的惩处条款或救济措施。

社会资本或项目公司违反项目合同约定，威胁公共产品和服务持续稳定安全供给，或危及国家安全和重大公共利益的，政府有权临时接管项目，直至启动项目提前终止程序。政府可指定合格机构实施临时接管。临时接管项目所产生的一切费用，将根据项目合同约定，由违约方单独承担或由各责任方分担。社会资本或项目公司应承担的临时接管费用，可以从其应获终止补偿中扣减。

项目实施机构应每 3～5 年对项目进行中期评估，重点分析项目运行状况和项目合同的合规性、适应性、合理性；及时评估已发现问题的风险，制定应对措施，并报财政部门（政府和社会资本合作中心）备案。政府相关职能部门应根据国家相关法律法规对项目履行行政监管职责，重点关注公共产品和服务质量、价格和收费机制、安全生产、环境保护和劳动者权益等。社会资本或项目公司对政府职能部门的行政监管处理决定不服的，可依法申请行政复议或提起行政诉讼。政府、社会资本或项目公司应依法公开披露项目相关信息，保障公众知情权，接受社会监督。社会资本或项目公司应披露项目产出的数量和质量、项目经营状况等信息。政府应公开不涉及国家秘密、商业秘密的政府和社会资本合作项目合同条款、绩效监测报告、中期评估报告及项目重大变更或终止情况等。社会公众及项目利益相关方发现项目存在违法、违约情形或公共产品和服务不达标准的，可向政府职能部门提请监督检查。

（五）项目移交

项目移交时，项目实施机构或政府指定的其他机构代表政府收回项目合同约定的项目资产。项目合同中应明确约定移交形式、补偿方式、移交内容和移交标准。移交形式包括期满终止移交和提前终止移交；补偿方式包括无偿移交和有偿移交；移交内容包括项目资产、人员、文档和知识产权等；移交标准包括设备完好率和最短可使用年限等指标。采用有偿移交的，项目合同中应明确约定补偿方案；没有约定或约定不明的，项目实施机构应按照"恢复相同经济地位"原则拟订补偿方案，报政府审核同意后实施。

项目实施机构或政府指定的其他机构应组建项目移交工作组，根据项目合同约定与社会资本或项目公司确认移交情形和补偿方式，制定资产评估和性能测试方案。项目移交工作组应委托具有相关资质的资产评估机构，按照项目合同约定的评估方式，对移交资产进行资产评估，作为确定补偿金额的依据。项目移交工作组应严格按照性能测试方案和移交标准对移交资产进行性能测试。性能测试结果不达标的，移交工作组应要求社会资本或项目公司进行恢复性修理、修订重置或提取移交维修保函。

社会资本或项目公司应将满足性能测试要求的项目资产、知识产权和技术法律文件，连同资产清单移交项目实施机构或政府指定的其他机构，办妥法律过户和管理权移交手续。社会资本或项目公司应配合做好项目运营平稳过渡相关工作。项目移交完成后，财政部门（政府和社会资本合作中心）应组织有关部门对项目产出、成本效益、监管成效、可持续性、政府和社会资本合作模式应用等进行绩效评价，并按相关规定公开评价结果。评价结果作为政府开展政府和社会资本合作管理工作决策参考依据。

第二节 中国 PPP 项目概况

一、推广 PPP 的意义

自 20 世纪 80 年代起，英国、澳大利亚、加拿大等国家开始探索运用 PPP 模式，吸引社会资本参与基础设施建设和运营，积累了丰富的实践经验，制度体系较为完备。本轮国际金融危机以来，面对有效需求不足，欧美主要发达国家更加注重发挥私人部门作用，积极利用 PPP 模式增加公共服务供给，促进经济复苏。一些著名国际会议也多次倡议，在基础设施领域广泛采用 PPP 模式。

从我国情况看，当前经济发展进入新常态，正处在"爬坡过坎"的关口，公共服务领域存在巨大需求，面临很大的资金缺口，但现实中我们并不缺乏社会资本，而是缺乏一种动员社会资本投入公共服务领域的机制。PPP 模式正是这种有效的动员机制和联通桥梁。在公共服务领域推广 PPP 模式，对于打造大众创业、万众创新和增加公共产品、公共服务供给"双引擎"，在改善民生中培育经济增长新动力，具有十分重要的意义。

就其渊源来讲，PPP 并不是新鲜事物。从国际上看，300 多年前，欧洲国家就授予公路养护人"收费特许权"，由政府和私人部门共同提供公共服务。20 世纪七八十年代，有的国家开始运用 BOT 等方式，引导私人部门参与基础设施建设。就我国而言，自 80 年代以来，就开始在基础设施领域探索使用 BOT 等模式。早在 2004 年，财政部就与国际货币基金组织合作，在黄山举办了公私合作论坛。但 PPP 模式始终未能在国内真正发展起来，究其原因，关键在于法律法规缺位、制度建设滞后、信用环境不完善。2013 年，党的十八届三中全会《中共中央关于全面深化改革若干重大问题的决定》提出，允许社会资本通过特许经营等方式参与城市基础设施投资和运营，开启了发展 PPP 的新局面。短短一年多时间，PPP 从一个陌生、晦涩的新名词，转变为受到广泛关注的高频词汇，迈入了高速发展的快车道，这与 PPP 的特征和当前经济发展阶段高度契合是密不可分的。

第一，推广 PPP 是推动政府职能从"国家管理"向"国家治理"的一次转变。党的十八届三中全会提出了"国家治理"的概念，表明政府与社会、公众关系定位的新变化。从内涵意义看，"治理"与"管理"相比，更强调不同主体的平等性，更注重"法治"规则、契约精神、市场观念。通过 PPP 模式提供公共服务，政府要从"管理者"变为"监督者、合作者"，更加注重"按合同办事"，更加注重平等协商、公开透明，有助于解决政府职能错位、越位、缺位问题，推动从"国家管理"向"国家治理"转变。

第二，推广 PPP 是推动公共服务从"政府供给"向"合作供给"的一次转变。多年来，我国公共服务依赖政府供给，一定程度上存在服务质量不高、效率偏低等诸多问题。党的十八届三中全会提出，要使市场在资源配置中起决定性作用和更好发挥政府作用。即便在一些公共服务领域，也可以依靠市场力量解决。通过 PPP 模式提供公共服务，不仅可以破除各种行政垄断，打破"玻璃门、弹簧门、旋转门"，激发市场主体活力，还可以"借市场之力"，引入民间资本参与投资公共服务，将政府在战略制定方面的优势，与社会资本在管理效率、技术创新方面的优势结合起来，提高公共服务质量和效率，增加人民福祉。

第三，推广 PPP 是推动财政管理从"短期平衡"向"中长期平衡"的一次转变。党的十八届三中全会要求，财政要建立跨年度预算平衡机制，建立权责发生制的政府综合财务报告制度。PPP 不再依靠传统的政府"借债"融资，而是以未来收益为基础进行融资，并需要政府一次性决定、跨年度给予补贴。通过 PPP 模式提供公共服务，财政部门要创新管理理念，做好 PPP 项目"全生命周期"的预算管理，从以往的"单一年度"预算收支管理，逐步转向跨年度、中长期预算平衡管理，特别要按照代际公平原则，将运营补贴等财政支出责任纳入财政中期规划和政府财务报告，在当代人和后代人之间公平分担财政投入，平滑年度间财政支出。

第四，推广 PPP 是推动基础设施从"供给不足"向"有效供给"的一次转变。近年来，虽然我国经济增长较快，但基础设施等公共服务不足仍是"短板"。据统计，目前我国人均公共基础设施资本存量，仅为西欧国家的38%、北美国家的23%，城镇化率比发达国家低 20 多个百分点，其中蕴藏着较大的供给空间。特别是到 2020 年，3 个"1 亿人"的城镇化，将带来大量的基础设施需求。通过 PPP 模式提供公共服务，可以撬动社会资本参与建设，形成多元化、可持续的资金投入机制，有效满足新型城镇化建设的需要。

为加强 PPP 组织领导工作，2014 年 5 月，财政部正式成立 PPP 工作领导小组，作为推广 PPP 工作的政策平台，承担制度建设、宣传培训、指导地方开展工作等职责。2014 年 11 月，经中编办批准，清洁基金管理中心加挂"财政部政府和社会资本合作中心"牌子，作为推广 PPP 工作的操作平台，负责提供业务指导和技术支持，承担政策研究、咨询培训、信息统计和国际交流等职责。很多省（市）财政厅局整合内部资源，设立了 PPP 工作小组或专门处室，负责推广 PPP 工作。PPP 政策平台、操作平台的建立，为 PPP 各项工作提供了坚实的组织保障。

二、PPP 示范项目

良好的制度体系是 PPP 持续健康发展的根本保障。按照"法律规范 + 政策指导 + 实施细则"的制度框架，财政部积极开展 PPP 立法准备工作，着力构建 PPP 制度规范体系，出台 PPP 工作通知、操作指南、合同指南和财政承受能力论证指引，进一步完善预算管理、政府采购等配套管理办法，印发在市政公用、水污染防治、收费公路和公共租赁住房领域推广 PPP 模式的实施意见。

很多省（市）财政厅（局）也立足当地实际，出台一系列 PPP 文件，推动 PPP 项目规范实施。在 PPP 制度建设过程中，财政部始终注重规范发展、切实保障社会资本合法权益，在项目选择上确保适当性，在交易结构上确保合理性，在合作伙伴选择上确保竞争性，在财政承受力上确保中长期可持续性，在项目实施上确保公开性。

为"打样板、树标杆"，形成一批可复制、可推广的项目范例，在地方上报项目中，财政部确定了第一批 30 个示范项目，总投资约 1800 亿元，其中 22 个存量项目，引导和鼓励社会资本通过转让—运营—移交（TOT）、改建—运营—移交（ROT）等方式改造融资平台公司存量项目，减轻财政债务压力，腾出更多资金用于重点民生项目建设。对示范项目，财政部及时给予全方位业务指导和技术支持，保证操作实施的规范性，充分发挥示范效应。目前，示范项目建设有序推进，示范效果良好。在财政部大力推动下，地方政府和各级财政部门陆续公布拟实施 PPP 项目名单，涵盖交通、市政、医疗、环保等多个领域，预计总投资近 2.6 万亿元。

为贯彻落实《国务院办公厅转发财政部、发展改革委、人民银行关于在公共服务领域推广政府和社会资本合作模式指导意见的通知》① 精神，加快推进政府和社会资本合作（PPP）项目示范工作，尽早形成一批可复制、可推广的实施范例，助推更多项目落地实施，财政部在 2015 年组织上报了第二批备选示范项目，要求地方各级财政部门在能源、交通运输、水利、环境保护、农业、林业、科技、保障性安居工程、医疗、卫生、养老、教育、文化等公共服务领域，筛选征集适宜采用 PPP 模式的项目，加快建立项目库。为确保上报备选示范项目质量，要求项目纳入城市总体

---

① http：//www.cpppc.org.

规划和各类专项规划，新建项目应已按规定程序做好立项、可行性论证等项目前期工作。项目所在行业已印发开展 PPP 模式相关规定的，要同时满足相关规定。政府和社会资本合作期限原则上不低于 10 年。对采用建设—移交（BT）方式的项目，通过保底承诺、回购安排等方式进行变相融资的项目，财政部将不予受理。优先支持融资平台公司存量项目转型为 PPP 项目。重点推进符合条件的融资平台公司存量项目，通过转让—运营—移交（TOT）、改建—运营—移交（ROT）等方式转型为 PPP 项目。存量项目债务应纳入地方政府性债务管理系统，或 2013 年全国政府性债务审计范围。对合同变更成本高，融资结构调整成本高，原债权人不同意转换，不能化解政府性债务风险、降低债务成本和实现"物有所值"的项目，财政部将不予受理。

经有关省自治区、直辖市、计划单列市财政部门推荐和专家评审，财政部确定北京市兴延高速公路项目等 206 个项目作为第二批政府和社会资本合作示范项目，总投资金额 6589 亿元。

2016 年，为大力推广 PPP 模式，扎实推进 PPP 项目示范工作，助推更多 PPP 项目落地实施，充分发挥 PPP 在稳增长、促改革、调结构、惠民生等方面的积极作用，财政部、教育部、科学技术部、民政部、人力资源和社会保障部、国土资源部、环境保护部、住房和城乡建设部、交通运输部、水利部、农业部、商务部、文化部、卫生和计划生育委员会、国家体育总局、国家林业局、国家旅游局、国家能源局、国家铁路局、中国民用航空局联合启动第三批 PPP 示范项目申报筛选工作。第三批 PPP 示范项目申报筛选工作由财政部与相关行业部委横向联合开展。项目申报筛选注重与我国"十三五"期间重大问题、重点项目有机衔接，鼓励行业破冰、区域集群和模式创新，推动实现行业引领、区域带动和创新示范效应。通过优化申报筛选方式，公开评审标准，进一步提升示范项目申报筛选的全面性、科学性和时效性，实现从财政部示范到全国示范的升级。申报示范项目应具备相应基本条件：一是项目属于能源、交通运输、市政公用、水利、环境保护、农业、林业、科技、保障性安居工程、医疗、卫生、养老、教育、文化、体育等适宜采用 PPP 模式的公共服务领域。二是纳入城市总体规划和各类专项规划，新建项目应已按规定程序做好立项、可行性论证等项目前期工作。三是合作期限原则上不低于10 年。四是对采用建设—移交（BT）方式的项目，通过保底承诺、回购安排等方式进行变相融资的项目，将不予受理。

为兼顾评审的专业性和时效性，财政部组织专家通过全国PPP 综合信息平台进行线上集中封闭评审，按照行业领域分为五组。一是交通运输，包括公路、桥梁隧道、铁路、民航、水运、公交系统、物流系统等。二是市政公用事业，包括轨道交通、停车场、地下综合管廊、海绵城市建设、城市黑臭水体整治、市政路桥、供水、排水及污水处理、供气、供热、供电、园林绿化、垃圾处理、农村污水垃圾治理等。三是综合开发，包括城镇综合开发、环境综合治理、保障性安居工程、智慧城市等。四是农林水利与环境保护，包括农业、林业、水利领域的基础设施建设；大气、水、土壤等环境污染防治；湿地、森林、海洋等生态保护等。五是社会事业与其他，包括教育、科技、文化、旅游、医疗卫生、养老、体育等领域的基础设施和公共服务。

与前两批相比，2016 年第三批示范项目实现了多个首次：（1）首次与相关行业部委联合组织申报、评审和发布，鼓励部委申报和推荐，鼓励地方各级行业部门与财政部门联合申报和初选，调动了各行业部门积极性。（2）首次事前全面公开了评审程序和标准，增加了规范性和透明度。（3）首次通过 PPP 综合信息平台实现线上申报和评审，限定地方申报数量，申报数量、质量和效率得以进一步提升；评审程序上增加了形式审查环节，对项目材料完整性、规范性把关更严；行业划分更为精确，共分成交通、市政、农林水利与环境保护、综合开发、社会事业等8个评审组，每组评审任务较为均衡，保障了更好的评审质量；专家组成上，吸纳了更多行业专家，每个组由部委推荐的行业专家3名以及专家库中产生的政策、法律、财务、咨询专家各1名，专家组成更专业、更多元，可以更好把握行业方向、全面审视项目。（4）首次引入了部委观察员制度，并通过系统随机抽选评审专家，评审的公平性和公正性得以进一步加强。总体来看，第三批示范项目评审中，各地各部门重视程度和积极性更高，申报准备更加充分，评审工作更加科学、规范、高效、透明，项目数量更多、质量更好、类型更丰富、覆盖领域更广，项目的行业引领、区域带动和创新示范效应更强，实现了从财政部示范到全国示范的升级。本次共有34个省、自治区、直辖市、计划单列市、新疆生产建设兵团和中央部委的1174个项目申报第三批示范项目，涉及总投资近2.3万亿元，申报项目数和总投资额均超过前两批示范项目申报之和。值得说明的是，此次申报明确要求各省申报项目数上限为50个，共有13个省份满额申报，经过评审，共有516个示范项目脱颖而出，占全部申报项目的44%，投资总额逾1.17万亿元。相较于第二批示范项目，项目数量翻番，投资额增加逾八成。①

2017年，为深入推进公共服务领域PPP工作，加强示范引领和样板推广，带动更多PPP项目落地实施，充分发挥PPP在稳增长、促改革、调结构、惠民生等方面的积极作用，财政部会同行业部委联合启动第四批PPP示范项目申报筛选工作。第四批PPP示范项目申报筛选工作由财政部会同相关行业部委联合开展。项目申报筛选注重激发市场活力，激励先进地区，突出行业破冰和引领带动效应，优先支持民营企业参与的项目，优先支持国务院确定的推广PPP模式成效明显市县的项目，优先支持环境保护、

---

① "财政部PPP中心"及"道PPP"公众号：《第三批示范项目分析报告》，http：//www.cpppc.org。

农业、水利、消费安全、智慧城市和旅游、文化、教育、体育、养老等幸福产业的项目。鼓励规范运用 PPP 模式盘活存量公共服务资产，吸引社会资本参与运营，提高公共服务供给质量和效率。

2018 年 2 月，财政部发布了《关于公布第四批政府和社会资本合作示范项目名单的通知》，① 根据专家评审结果，在有关部委、省级财政部门申报的 1226 个项目中，确定北京市新机场北线高速公路（北京段）PPP 项目等 396 个项目作为第四批 PPP 示范项目，涉及投资额 7588 亿元。

财政部要求各级财政部门应加强与工商业联合会的沟通协调，积极推动示范项目与中国政企合作投资基金、民营企业进行合作对接。尚未签约的项目应坚持公开竞争性方式选择社会资本，保障各类社会资本平等参与，同等条件下优先选择民营企业合作。中央财政将在安排 PPP 项目以奖代补资金时对民营企业参与的项目给予优先支持，并加强案例宣传、经验分享和模式推广，进一步发挥示范项目对民营企业参与的引导带动作用。要求各级财政部门要会同行业主管部门加强对示范项目审批、采购、融资、建设、运营情况的监督管理。项目使用土地应当符合土地利用总体规划和年度计划，依法办理建设用地审批手续。不得直接按项目打包成片供应土地，不得直接依据 PPP 项目合作协议向社会资本方提供土地使用权。对于存在违法违规行为，未按规定履行规划立项、土地管理、国有资产管理等相关审批手续，未能在 2018 年 12 月底前完成社会资本采购，未按规定落实项目资本金及债权融资，未严格执行绩效考核机制或绩效考核多次不达标的项目，将调出示范项目名单。

三、清库

自 2013 年底，国家大力推广运用政府和社会资本合作

---

① http：//www.cpppc.org.

（PPP）模式以来，经过各方面 3 年多的共同努力，PPP 工作取得明显进展，市场环境逐步优化，项目落地不断加快，为稳增长、促改革、惠民生发挥了重要作用。但发展过程中，一些地方泛化滥用 PPP、甚至借 PPP 变相融资等不规范操作的问题日益凸显，加大了地方政府隐性债务风险。2017 年以来，党中央、国务院要求将防风险放在突出重要位置，全国金融工作会议和国务院常务会议均对防控地方政府隐性债务风险，纠正 PPP 中的不规范行为做出了明确部署。为贯彻落实党中央、国务院决策部署，此前财政部已会同有关部门印发了《关于进一步规范地方政府举债融资行为的通知》，① 对借 PPP 变相举债融资的行为予以严禁。在此基础上，为进一步纠正 PPP 泛化滥用现象，财政部印发了《关于规范政府和社会资本合作（PPP）综合信息平台项目库管理的通知》（以下简称《通知》），② 旨在以 PPP 综合信息平台项目库管理为抓手，进一步规范 PPP 项目运作，推动 PPP 回归创新公共服务供给机制的本源，促进 PPP 事业可持续发展。

《通知》提出了规范项目库管理的三大举措。一是实行分类管理。将项目库按阶段分为储备清单和项目管理库，储备清单内的项目重点用于孵化和推介，项目管理库内的项目要接受严格监管，确保全生命周期规范运作。二是统一新项目入库标准。明确不适宜采用 PPP 模式实施、前期准备工作不到位、未建立按效付费机制的项目不得入库，提升入库项目质量。明确下一步政策方向，即优先支持通过 PPP 模式盘活存量公共资产，审慎开展政府付费项目，防止财政支出过快增长，突破财政承受能力上限。三是组织开展已入库项目集中清理。组织各地财政部门将操作不规范、实施条件不具备、信息不完善的项目清理出库，推动各地建立健全专人负责、持续跟踪、动态调整的常态化管理机制，提升项目

①② http：//www.cpppc.org.

库信息质量和管理水平。

为贯彻 PPP 以运营为核心、以绩效为导向的理念，推动 PPP 项目由重建设向重运营转变，确保项目长期稳定运行，《通知》在推动项目建立按效付费机制方面采取了以下举措。一是要求政府付费与项目绩效考核结果挂钩，强化项目产出绩效对社会资本回报的激励约束效果，防止政府对项目各项支出承担无条件的支付义务，使 PPP 异化为拉长版代建（BT）。二是要求政府承担的项目建设成本与运营成本均应根据绩效考核结果进行支付，且建设成本中参与绩效考核的部分占比不得低于 30%，防止当前部分项目通过所谓"工程可用性付费"方式，以"项目竣工即应支付"的名义，提前锁定政府对建设成本的无条件支付义务，弱化项目运营绩效考核的约束力。三是要求政府付费应在项目合作期内连续、平滑安排，防止为多上项目将财政支出责任过度后移，加剧以后年度财政支出压力、导致代际失衡，同时也防止将财政支出责任集中前移，使社会资本快速回收大部分投资从而可以实现早期退出。

针对当前部分 PPP 项目融资不到位、开工落地难，以及社会资本未实际出资或未按规定足额出资，推高项目杠杆率，降低项目公司风险抵御能力的问题，《通知》在加强项目融资管理方面采取了以下举措：一是要求社会资本按合同约定落实项目债权融资义务，防止项目因融资不能及时足额到位而搁置甚至失败。二是要求政府和社会资本双方均应严格执行国家关于固定资产投资项目资本金管理的有关规定，按时足额缴纳项目资本金，不得以债务性资金充当资本金，防止因资本金"空心化"，导致社会资本长期运营责任的"虚化"，加剧重建设、轻运营现象。三是要求社会资本的股份不得由第三方代持，遏制当前部分社会资本中选后自行指定其关联企业、子公司、基金等第三方代为履行出资义务，以及部分联合体参与方只承揽项目施工或设计任务、不实际出资入股等不规范操作现象，确保社会资本选择程序的严肃性、公正性，夯实社会资本的投资建设运营责任。

《通知》规定，由各省级财政部门统一部署辖内市、区、县财政部门开展入库项目集中清理工作，财政部 PPP 中心负责开展财政部 PPP 示范项目的清理工作。集中清理的完成时限是 2018 年 3 月 31 日。对于逾期未完成清理工作的地区，由财政部 PPP 中心指导并督促其于 30 日内完成整改。逾期未完成整改或整改不到位的，将暂停该地区新项目入库直至整改完成。

《通知》的出台，旨在纠正当前 PPP 项目实施过程中出现的走偏、变异问题，进一步提高项目库入库项目质量和信息公开有效性，更好地接受社会监督。一些本不适宜采用 PPP 模式实施的项目退库，有利于正本清源，促进 PPP 项目有序推进和公共资源的有效配置。一些项目按照要求完善后，将更加规范、透明，有助于项目的全生命周期管理。长远看，项目库有进有退，将促使各参与方更加注重规范运作和项目管理，有利于防范和控制风险，增强市场信心，促进 PPP 事业可持续发展。

第三节　中国 PPP 会计规范

一、中国 PPP 会计规范现状

我国目前 PPP 会计处理，财政部主要针对 BOT 这类业务规定。[1] 关于 BOT 处理，财政部主要从范围、收入等方面做出了

---

[1]　财政部会计司：《财政部关于印发企业会计准则解释第 2 号的通知》，http：//kjs. mof. gov. cn。

规范。

建设经营移交方式（BOT）参与公共基础设施建设业务，应当同时满足以下条件：（1）合同授予方为政府及其有关部门或政府授权进行招标的企业。（2）合同投资方为按照有关程序取得该特许经营权合同的企业（以下简称合同投资方）。合同投资方按照规定设立项目公司（以下简称项目公司）进行项目建设和运营。项目公司除取得建造有关基础设施的权利以外，在基础设施建造完成以后的一定期间内负责提供后续经营服务。（3）特许经营权合同中对所建造基础设施的质量标准、工期、开始经营后提供服务的对象、收费标准及后续调整做出约定，同时在合同期满，合同投资方负有将有关基础设施移交给合同授予方的义务，并对基础设施在移交时的性能、状态等做出明确规定。

某些情况下，合同投资方为了服务协议目的建造或从第三方购买的基础设施，豁免合同授予方基于服务协议目的提供给合同投资方经营的现有基础设施，也应比照 BOT 业务的处理原则。

（一）与 BOT 业务相关收入的确认

第一，建造期间，项目公司对于所提供的建造服务应当按照《企业会计准则第 15 号——建造合同》确认相关的收入和费用。基础设施建成后，项目公司应当按照《企业会计准则第 14 号——收入》确认与后续经营服务相关的收入和费用。

建造合同收入应当按照收取或应收对价的公允价值计量，并分别以下情况在确认收入的同时，确认金融资产或无形资产：（1）合同规定基础设施建成后的一定期间内，项目公司可以无条件地自合同授予方收取确定金额的货币资金或其他金融资产的；或在项目公司提供经营服务的收费低于某一限定金额的情况下，合同授予方按照合同规定负责将有关差价补偿给项目公司的，应当在确认收入的同时确认金融资产，并按照《企业会计准则第 22 号——金融工具确认和计量》的规定处理。项目公司应根据已收取或应收取对价的公允价值，借记"银行存款""应收账款"等科目，贷记"工程结算"科目。（2）合同规定项目公司在有关基础设施建成后，从事经营的一定期间内有权利向获取服务的对象收取费用，但收费金额不确定的，不构成一项无条件收取现金的权利，项目公司应当在确认收入的同时确认无形资产。建造过程如果发生借款利息，应当按照《企业会计准则第 17 号——借款费用》的规定处理。项目公司应根据应收取对价的公允价值，借记"无形资产"科目，贷记"工程结算"科目。

第二，项目公司未提供实际建造服务，将基础设施建造发包给其他方的，不应确认建造服务收入，应按照建造过程中支付的工程价款等合同规定，分别确认为金融资产或无形资产。

（二）其他事项处理规定

按照合同规定，企业为使有关基础设施保持一定的服务能力或在移交给合同授予方之前保持一定的使用状态，预计将发生的支出，应当按照《企业会计准则第 13 号——或有事项》的规定处理。

按照特许经营权合同规定，项目公司应提供不止一项服务（如既提供基础设施建造服务又提供建成后经营服务）的，各项服务能够单独区分时，其收取或应收的对价应当按照各项服务的相对公允价值比例分配给所提供的各项服务。

BOT 业务所建造基础设施不应作为项目公司的固定资产。

在 BOT 业务中，授予方可能向项目公司提供除基础设施以外其他的资产，如果该资产构成授予方应付合同价款的一部分，不应作为政府补助处理。项目公司自授予方取得资产时，应以其公允价值确认，未提供与获取该资产相关的服务前应确认为一项负债。①

二、中国目前 PPP 会计处理存在的问题

《财政部关于印发企业会计准则解释第 2 号的通知》仅仅是针对 BOT 类型项目的会计处理规范，对其他类型的 PPP 项目处理是否适用，需要进一步研究，即使是 BOT 项目，该文件也还是存在一些有待解决的问题。

（一）PPP 会计涉及的范围问题

从以上 PPP 项目类型来看，PPP 会计需要对涉及范围做出规范。究竟哪些类型 PPP 是会计核算对象，哪些不是属于 PPP 会计对象，需要做出规范。因为有些 PPP 类型本身不存在会计问题，目前的企业会计准则已经做了规范。例如，项目管理合同（MC）、委托经营（OM）等类似的政府付费项目，政府仅仅只是为了完成特定目的，到期就收回经营权利，并且时间也短，这样的 PPP 项目现有企业政府补助会计准则就能解决，无须单独规范；BOO（建设—拥有—经营）是一种市场化运作模式，由社会资本方负责投资、设计、建造、运营、维护等，项目到期后产权通常不转移，这样的 PPP 模式按现有的企业相关会计准则来核算即可；BBO（购买—建设—拥有）是一种市场化运作模式，社会资本方购买国家许可的基础设施，由社会资本负责设计、建造、运营、维护等，产权归社会资本方所有，这样的 PPP 模式也不存在会计问题。

《财政部关于印发企业会计准则解释第 2 号的通知》提到了比照 BOT 处理的业务，即合同授予方提供基础设施或运营方购买基础设施的处理，这样的解释可以理解为类似 TOT 项目（转让—经

---

① 《财政部关于印发企业会计准则解释第 2 号的通知》。

营—转让），但是对 LBOT 项目是否适用？LBOT 是指租赁—建设—经营—转让，政府将建造完成的土建部分租给项目公司运营，项目公司在此基础上建造并取得运营权利，期满将该基础设施移交给政府。这样的 PPP 项目涉及租赁与项目公司经营权并存的情况，会产生复杂的会计问题。

PPP 项目会计涉及的范围要比 BOT 项目广泛得多，相关的会计处理规范要能够普遍适用于我国目前社会资本参与公共基础设施的所有符合条件的类型。

（二）PPP 确认问题

《财政部关于印发企业会计准则解释第 2 号的通知》是针对 BOT 项目，其中不少规定对其他 PPP 项目并不适用。例如，对 BOT 收入确定规定，在 TOT、ROT 等项目中就不存在这样问题。同样，关于金融资产或无形资产处理的规定，对其他 PPP 类型也并非完全适用。关于 PPP 确认，该文件存在的主要问题是没有说明究竟应采取何种会计方法来确认 PPP 项目资产，是采取控制法还是风险报酬法？BOT 处理规定没有涉及，而仅仅用"权利是否确定"作为判断依据，可是"权利是否确定"如何判断？而这正是会计处理的关键点。

（三）PPP 项目计量问题

应如何计量 PPP 项目资产。公允价值作为会计计量属性是一个比较公认的会计理念，国际财务会计报告以及中国都公布了公允价值会计准则。但是，公允价值有不同应用层次。对于 PPP 项目来说，有政府付费项目、可行性缺口补助与消费者付费项目，相应地有不同的计量模式。会计处理时，对不同 PPP 类型的付费方式，其公允价值形式也应有所区分。另外，PPP 项目与其他业务不同之处在于，政府需要评审，评审通过后才准许认可。评审

PPP 项目时所采用的指标是物有所值。[1] 物有所值法是 PPP 项目创新的一种计量方法，它充分考虑到政府特征、风险价值与项目成本等相关因素，体现政府、消费者与社会资本三方关系。物有所值作为评价 PPP 项目的关键数量指标，与市场法和成本法有着本质区别，能否作为项目公司资产入账价值基础？物有所值是否也是属于公允价值一种形式？对于以上问题，《财政部关于印发企业会计准则解释第 2 号的通知》没有说明。

（四）PPP 项目披露问题

《财政部关于印发企业会计准则解释第 2 号的通知》对应如何披露 PPP 项目没有规范。PPP 项目从发起到运营结束的整个周期内，涉及内容非常多，包括政府、法规、文件、合同、评估、融资、核算、监管、绩效考核等诸多方面。这些内容都与 PPP 项目资产密切相关，任何环节出现问题都有可能出现 PPP 项目终止，给政府、社会资本、消费者带来损失。但是，如果都加以披露不仅涉及信息成本过大问题，而且还有可能出现泄密，影响信息相关者利益。由于 PPP 项目目前还在试行阶段，国家相关法规尚不完善，部门与地方规章有待健全，如何有效地向 PPP 项目信息使用者传递政府公共服务水平，则是 PPP 项目披露需要解决的问题，而不是仅仅披露与会计有关信息。PPP 项目的信息披露，不仅要满足政府监管要求，而且还要满足消费者需要。

---

[1] 物有所值（value for money），即少花钱、多办事、办好事，是政府运用政府和社会资本合作模式（public-private partnerships，PPP）的核心理念，也是政府评估是否采用 PPP 替代传统采购模式提供基础设施及公共服务的一种技术手段。《财政部关于推广运用政府和社会资本合作模式有关问题的通知》要求积极借鉴物有所值评价理念和方法；《财政部关于印发政府和社会资本合作模式操作指南（试行）的通知》强调，在项目论证过程中，政府应当对 PPP 模式进行物有所值评价。

（五）缺乏授予方的会计处理规定

《财政部关于印发企业会计准则解释第2号的通知》仅仅规范了运营方的会计处理，对授予方会计处理没有规定。对PPP项目来说，授予方与运营方是相辅相成的两个方面。授予方是运营方支持与保护方，不仅代表着政府而且还代表着消费者。但这两方的性质完全不同，会计处理也就完全不同。如果没有授予方PPP会计，就会低估政府债务高估政府资产，形成新的政府债务风险。PPP项目有不少是政府付费或政府补助的项目，需要使用大量财政资金支出，而目前这些支出是采用收付实现制来核算的，导致许多潜在的未来负债在政府资产负债表上得不到反映，不利于政府经济决策。

由于缺乏授予方的会计处理规定，当社会资本方完成公共基础设施或者取得公共基础设施时，授予方如何反映这些资产以及使用何种方式来反映这些资产，在实践中遇到了不少困难。结果，要么不知道如何处理，不予核算；要么由于缺乏统一标准的PPP项目授予方会计实务而造成无法判断其处理的正确性。

三、研究的理论意义与现实意义

研究PPP会计是一种理论创新。通过PPP会计的研究，比较了国内外PPP会计准则，确立了我国PPP项目确认、计量与披露的会计理论与处理方法，不仅丰富了我国会计理论体系，而且完善了我国企业会计准则与政府会计准则建设。

研究PPP会计，也可以为我国PPP会计实务提供应用指引。不同类型PPP模式，在PPP会计理论与应用指南指导下，规范了PPP会计实务，提高了会计信息质量，不仅有利于信息使用者的投资决策，而且大大有利于我国PPP公共事业的健康发展。

第二章

PPP项目运营方会计处理国际比较

第一节　国际会计准则 PPP 项目处理

早在 2001 年，国际会计准则理事会就公布了有关 PPP 项目披露准则第 29 号（SCA29）——特许服务协议安排，对 PPP 项目披露内容做出规范，后经国际会计准则解释委员会做了一些修改。2006 年 12 月，国际会计准则理事会颁布了国际财务报告准则解释第 12 号——特许服务协议（IFRIC 12）——特许服务协议安排，对涉及 PPP 项目的会计确认、计量与报告做出了规范。① 国际财务报告准则解释第 12 号——特许服务协议规范了 PPP 项目公司会计而不是授予方会计。

在国际会计准则理事会看来，公共服务基础设施，例如道路、桥梁、隧道、监狱、医院、机场、配水设施、能源供给、通信工程等，传统上是通过财政预算拨款筹资并由政府部门建设、经营

---

①　In November 2006 the International Accounting Standards Board issued IFRIC 12 Service Concession Arrangements. It was developed by the Interpretations Committee. Other Standards have made minor consequential amendments to IFRIC 12. They include IFRS 9 Financial Instruments（Hedge Accounting and amendments to IFRS 9, IFRS 7 and IAS 39）（issued November 2013）, IFRS 15 Revenue from Contracts with Customers（issued May 2014）, IFRS 9 Financial Instruments（issued July 2014）and IFRS 16 Leases（issued January 2016）.

和维护。一些国家，为了吸引私人部门参与基础设施的开发、融资、经营和维护，政府采用一种合约服务协议。这些基础设施可能已经建成，也可能在服务协议期间内建设。本解释范围内的协议一般涉及部分私人企业实体，其建设提供公共服务的基础设施或升级基础设施（如增加其产能）并且在协议期限内经营与维护。在协议期限内，经营者以其提供的服务获取报酬。由合同规定这种协议的绩效标准、价格调节机制和仲裁纠纷协议。这种协议有BOT（建设—经营—移交）、ROT（改建—经营—移交）、PTP（公私合作）等方式。这些服务协议的一个共同特点是经营者承担的义务具有公共服务性质。这项公共政策制定旨在基础设施的服务而不考虑服务运营方的身份。这种服务协议要求经营者代表公共部门向公众提供服务。它们共有特征：（1）授权服务协议的一方是公共部门，包括政府部门或者承担此项经营责任；另一方是私人实体。（2）经营者至少负责某些基础设施的管理工作，但不是作为授权者的代理人。（3）合同规定了经营者收费的初始价格并规定了服务协议期间的价格调整。（4）不管最初由哪一方出资，在协议期满时，经营者必须在一种明确的条件下向授权者移交基础设施。

一、国际财务报告准则解释第 12 号——特许服务协议涉及范围①

其适用于下列公私合作特许服务协议：（1）授权者控制或规制经营者运营基础设施所必须提供服务对象和价格；（2）授权者通过所有权、受益权或其他方式控制在基础设施服务协议结束时

---

① http：//archive. ifrs. org，IFRIC 12：Service Concession Arrangements，2006.

的任何重大剩余权益。

如果满足协议（1）的情况，基础设施全部使用年限（资产全部年限）均在公私合作特许服务协议内，则属于此解释的范围内。

协议（2）所指的控制或管制可能用合约或其他方式（如通过监管方式），也包括授权者购买全部产出以及部分或全部产出由其他使用者购买的情况。在应用此条件时，授权者和任何其他相关方都需要一并考虑。如果授予人是公共部门实体，就此解释的目的而言，整个公共部门和其他代表公共利益的任何监管者，应视为与授权者相关。就协议（1）的目的而言，授权者不用完全控制价格，价格由授予人、合同或主管方管制，如限制机制。但是，此条件应用于协议的实质。例如，价格上限仅在极少数的情况下适用，这种非实质特性可以被忽略。反之，若合约赋予经营者自由定价，且任何超额利润均需要退还给授权者，则经营者的报酬就有上限并且符合价格控制。

就协议（2）的目的而言，授权者对任何重大剩余权益的控制应该既要限制经营者出售或抵押基础设施的实际能力，也要赋予授权者在协议期限继续使用基础设施的权利。假定基础设施已达到协议最终年限并处在协议到期日的状态下，那么基础设施剩余权益按现值反映。

控制应与管理相区分。若授权者保持控制和基础设施的任何重大剩余权益，则经营者仅是代表授权者进行管理，即使在大多数情况下，经营者可能具有广泛的管理裁量权。协议（1）和协议（2）共同规范了基础设施在其全部经济年限内何时由授权者所控制。例如，若在协议期限内经营者需要替换基础设施某项目的一部分（例如道路的表层或建筑物的屋顶），则该基础设施应整体考量。因此，如果授权者控制该部分最终替换项目的任何重大剩余权益，则整个基础设施（包括被替换部分）都符合协议（2）。

有时基础设施的使用，一部分受管制，另一部分不受管制。但是，此种协议具有多种形式：（1）任何基础设施实体上可以分离并独立管理，也符合国际会计准则第 36 号现金产生单元的定义。如果完全用于非管制的目的，则应予以单独分析。例如，可适用于医院的私营部分，医院的其他部分则由授权者治疗公众病患所用。（2）若纯附属性质的活动（例如医院商店）不受管制时，执行控制测试时应将此项服务视作不存在，因为授权者控制服务时，附属性质活动的存在并不会降低授权者对基础设施的控制。

经营者可能有权使用可分离基础设施，或提供不受管制的附属性质服务的设施。在任一情况下，可能包含了授权者对经营者的租赁，则应按照国际财务报告准则第 16 号——租赁的规定来处理。

在特许服务范围内，国际财务报告准则解释第 12 号——特许服务协议均适用于下列情况：（1）经营者自己建设或者从第三方获取的基础设施；（2）授权者移交给经营者既有的基础设施。

在参与服务协议之前基础设施已经视为经营者的不动产、厂房和设备，则遵循国际会计准则第 16 号处理规定。

二、国际财务报告准则解释第 12 号——特许服务协议涉及的主要会计问题

解释条文涉及的问题如下：（1）经营者对基础设施运营权的处理；（2）协议对价的确认和衡量；（3）建设或修订服务；（4）经营服务；（5）借款费用；（6）金融资产和无形资产后续会计处理；（7）由授权者向经营者提供的项目。

由于特许服务协议没有将公共基础设施的产权移交给经营者，

所以在此解释范围内的基础设施不应被视为经营者的不动产、厂房和设备。经营者可以按合同中的规定代表授权者经营基础设施。在此解释下，经营者是作为一个服务提供者。经营者建设和升级提供公共服务的基础设施（建造或升级服务）并在约定期限内经营和维护基础设施（经营服务）。经营者应该根据国际财务报告准则第 15 号——来自客户合同收入规定处理其提供的服务成本与产生的收入。

如果经营者承担建设或修订服务，其已收或应收的对价要根据国际财务报告准则第 15 号——来自客户合同收入进行确认。对价可能是下列资产的权利：（1）金融资产或（2）无形资产。

在经营者因建造服务而具有无条件向授权者或依授权者指示收取现金或其他金融资产的合约性权利时，经营者应该确认为金融资产；由于法律强制执行，所以授权者几乎没有自由裁量权以避免支付。如果授予人以合约保证支付给经营者（1）特定或者可确定金额，或（2）经营者向公共服务使用者收费的金额与特定或可确定金额之间有差额，则经营者具有无条件收取现金的权利。即使是否付款将取决于管理者需确保基础设施能否可达到规定的质量和效率标准，也要确认为金融资产。经营者在获得向公共服务使用者收费的权利时，应该确认为无形资产。这种权利并不是一种无条件收取现金的权利，因为这个金额要视公共服务的情况而定。如果经营者将建设服务所获得一部分确认为金融资产，另一部分确认为无形资产，那么必须对其对价的各个组成部分分开处理。已收或应收对价的两项组成部分应根据国际财务报告准则第 15 号——来自客户合同收入进行确认。授予人给予经营者的对价本质应参考合同条款来决定。对价本质决定后续会计计量。但是根据国际财务报告准则第 15 号——来自客户合同收入，在建设期或修订期的两种类型对价都被划分为合同资产。

经营者应该根据国际财务报告准则第 15 号——来自客户合同

收入对经营服务进行会计计量。经营者可能需要履行下列合约义务以符合其特许权规定：（a）维护基础建设以达特定服务水平，或者（b）在协议结束时将基础设施移交给授权者之前将其恢复原初状态。维护或重建基础设施的合约义务应根据国际会计准则第37号——准备或有负债和或有资产确认与计量。根据国际会计准则第23号——借款费用，由协议引起的借款成本应在发生期间被确认为一项费用，除非经营者具有收到无形资产合约权利（向公共服务使用者收费的权利）。在此情况下，根据准则的规定，协议的借款成本可以在建设期间资本化。

1. 金融资产

国际会计准则第32号——金融工具：披露、国际财务报告准则第7号——金融工具—附注和国际财务报告准则第9号——金融工具适用于金融资产的确认。向授予人或按照授予人指示收取的金额要按照国际财务报告准则第9号——金融工具的规定，做如下处理：（1）按摊余成本计量；（2）以公允价值计量且其价值变动计入其他综合收益；（3）以公允价值计量且其价值变动计入当期损益。

如果向授予人收取的金额按照摊余成本或者以公允价值计量且其价值变动计入其他综合收益，则应按国际财务报告准则第9号——金融工具要求以实际利息法计算的利息。

2. 无形资产

国际会计准则第38号——无形资产适用于无形资产的确认。国际会计准则第38号——无形资产为通过交换一项或多项非货币资产或者一组货币与非货币资产组合而取得的无形资产的处理提供了指引。

授权人按特许服务协议要求而移交给经营者运营的基础设施项目不能被视作经营者的不动产、厂房和设备。授予人也可以提供由经营者保留或处理的其他项目。如果此类资产构成授权者对经营者提供服务的应付对价的一部分，则这些资产不应作为国际会计准则第 20 号——政府授予与政府补助所描述的政府拨款，而应按照国际会计准则第 15 号——来自客户合同收入所定义的交易价格的一部分的进行会计处理。

三、特许服务协议与租赁解释

2016 年 7 月，国际会计准则解释委员会公布了国际财务报告准则解释第 12 号——特许服务协议，对特许服务协议范围内经营者支付给授权者费用会计处理。

除了经营者代表授权者收取金额并汇缴给授权者外，解释委员会研究了下列情形：（1）如果为了一项货物权利的支付或者为了与此特许服务协议分离的服务权利而支付费用，则经营者对此项支出按国际财务报告准则规定进行处理；（2）如果为了一项与国际财务报告准则解释第 12 号——特许服务协议范围内的基础设施相分离的资产使用权而支付费用，则经营者要评估这项协议是否包含租赁。如果协议包含租赁，则经营者的会计处理要应用国际财务报告准则第 16 号——租赁准则；（3）如果不是为了上述两种情况而支付，则经营者此项费用支付应按如下要求进行会计处理：如果特许服务协议导致经营者只有从授权人那里获取现金的合约性权利，则经营者将此费用冲减交易价格，适用于国际财务报告准则第 15 号——来自客户合同收入的范围；如果特许服务协议导致经营者只有向使用者收费的权利，那么经营者用建设或修订服务来换取一份无形资产（如向公共服务使用者收费的权利）来确认，并且这项支出是要支付给授权者的，企业对这项支出的会计处理适用于国际会计准则第 38 号——无形资产的范围。如果经营者既有权利向使用者收费又有合约性权利向授权者收取现金，那么经营者需分开核算以确定相应会计处理。

第二节　美国 PPP 项目会计处理

针对 PPP 运营方会计处理，2014 年 1 月，美国财务会计准则委员会（FASB）颁布 2014 第 5 号会计准则——特许服务安排（美国财务会计准则委员会紧急任务工作组第 853 个主题——特许服务协议）。[①] 2017 年 5 月，美国财务会计准则委员会发布了 2017 年第 10 号会计准则——特许服务协议—确定特许经营服务客户。

一、紧急任务工作组第 853 个主题

紧急任务工作组第 853 个主题——特许服务协议指出，不能将特许服务协定按照第 840 号——租赁准则确认为租赁权。特许服务协定作为一种公共部门以更有效率和更具成本效益地提供公共服务的方式，将会在美国越来越流行。特许服务协定是一项公共部门实体授予人（既包括政府部门也包括对公共服务部门负责的实体）与项目公司之间的协约，在该协定之下，项目公司负责运营授予人的基础设施（比如机场、道路、桥梁），项目公司还提供这些基础设施建设，升级或维护服务。

该特许服务协议适用于与公共部门实体（包括政府部门和对公共服务部门负责的实体）授予人签订特许服务协议的项目公司。特许服务协议应符合以下两个条件：授予人控制或有能力修改或批准项目公司所必须提供的服务类别、服务对象、服务价格；授予人通过拥有所有权、权益或者其他方式，能够在协议期满时对

---

① https：//www. fasb. org，FASB：Update No. 2014 - 05—Service Concession Arrangements（Topic 853），a consensus of the FASB Emerging Issues Task Force.

基础设施的所有剩余权益进行控制。

特许服务协议规定，项目公司不能将特许服务协议确认为租赁。运营实体还应参考其他准则，以确认和计量特许服务权协议各个方面。适用特许服务协议的基础设施不应被视为项目公司的财产、厂房和设备。

目前的美国公认会计原则不包含有关特许服务协议的会计指引。根据特许服务协议条款，项目公司可能无法断定特许服务协议是否符合 840 号租赁准则的规定。因此，适用于 PPP 项目公司范围内的特许服务协议不能确认为租赁权，这样才能改进财务报告，从而清晰财务报表编制人员有关特许服务协议与租赁的区别。

本次修订的修正案规定特许服务协议不属于租赁，这一点与国际财务报告准则一致。然而，不同之处在于，国际财务报告准则解释第 12 号——特许服务协议涉及项目公司对特许服务协议如何进行会计处理，且就如何解决特许服务协议的会计问题提供了补充指导。

国际财务报告准则解释第 12 号——特许服务协议规定了当项目公司在确认与计量特许服务协议时，适用现有国际财务报告准则的哪些方面。例如，国际会计准则第 11 号——建造合同规定了如何识别和计量在经营、建造或升级服务中的收入；国际会计准则第 18 号规定了如何计算借款成本。

本次修订中的修正案没有对特许服务协议提供具体的会计指导，而是指明项目公司应参考其他准则，对特许服务协议进行会计确认和计量。

（一）特许服务协议

特许服务协议是一项授予人和运营方之间的协定，该协议赋予了项目公司在特定期间内运营基础设施（例如机场、道路、桥梁、隧道、监狱和医院）的权利。项目公司也可能会对基础设施进行后期维护。在特许服务协议期间，基础设施可能已经存在，也可能正在由项目公司建造。如果基础设施已经存在，作为协议的一部分，项目公司可能需要对其进行重大升级。

特许服务协议的有多种方式。在典型的特许服务协议中，项目公司在一段时间内运营和维护授予人的基础设施，这些基础设施将用于提供公共服务。作为交换，项目公司提供服务，将会收到授予人的报酬。这些报酬可以在项目公司提供服务时支付，也可以延期支付。另外，项目公司可能会被赋予向使用基础设施的消费者（第三方用户）收费的权利。该协议可能会规定，如果项目公司从第三方用户收取的费用未达到限定的最低限额，授予人将无条件予以支付担保。本准则为涉及与公众部门授予人签订特许服务协议的报告实体提供指导。

（二）范围限定

本解释的指导意见适用于特许服务协议的项目公司。在该协议下，项目公司通过与授予人签订合同，运营授予人的基础设施。项目公司还将会对授予人的基础设施进行建设、升级或维护服务。

项目公司应参照其他准则，以确认计量特许服务协议的内容。例如，项目公司应遵循第 605 号收入准则确认和计量与建设、升级或运营服务相关的收入及成本。

在本准则范围内，作为特许服务协议主体的基础设施，不得视为项目公司的财产、厂房和设备。本准则范围内的特许服务协议不属于第 840 号——准则租赁范围。

（三）结论基础

美国公认会计原则中并不包含有关特许服务协议会计的具体指引。根据特许服务协议的条款，项目公司可能无法断定特许服务协议是否符合 840 号——租赁准则的标准。紧急任务工作组认为，有必要为涉及公众部门实体授予人的这类协定提供清晰的指导。本修正案规定，属于本修订范围内的特许服务协议不适用于第 840 号——租赁准则，并且项目公司应参考其他准则来确认和计量。紧急任务工作组声明，适用该原则的标的物——基础设施不应被视为项目公司的财产、厂房和设备。

美国财务会计准则委员会于 2013 年 7 月 19 日颁布了"会计准则修订"草案，其评议期于 2013 年 9 月 17 日结束，期间收到 3 份关于草案的意见书。

美国财务会计准则委员会紧急任务工作组决定将本修订中的特许服务协议范围限制为授予人是公共部门实体，因为这种类型的协议是最具指导意义。外界对草案范围有着不同意见。一些观点认为，绝大多数特许服务协议与公共部门授权者有关，而且不应当扩大划分的范围，这样才能够推进此次最终修正案的颁布。与之相反，一些观点认为，应将范围扩大到包括授予人为私营部门实体的特许服务协议，因为这些协议的实质（包括公共服务性质）与特许服务协议授予人是一个公共部门相类似。紧急任务工作组认为，与授予人不是公共部门实体的特许服务协议相关的会计问题，在实践中并不普遍，而且扩大范围可能会延迟修正案的发布。紧急任务工作组指出，如果需要其他类型的特许服务协议的指导，可以在日后单独立项。

许多特许服务协议的一个关键特征是运营商承担的义务具有公共服务的性质。公共服务旨在使公众受益，履行公共职责。紧急任务工作组认为，若特许服务协议满足了本指引中的绝大部分条件，那么有利于保护公众对基础设施使用这一目标，无论是在协议期间还是在协议结束后。紧急任务工作组还认为，应根据协议的公共服务性质而不是授予人的类型来确定范围，但这样区分的缺点是过于主观，实施起来有难度。

紧急任务工作组在审议中考虑了颁布修正案对会计准则第 980

个主题——管制运营的影响。规范运营和特许服务协议都具有授予人可以确定收取服务费价格的特征。但是，紧急任务工作组注意到第 980 个主题——管制运营的范围与此次修订的范围不同。与特许服务协议不同的是，在第 980 个主题——管制运营中，基础设施通常由项目公司控制并且享有其剩余权益。紧急任务工作组认为，通常情况下，属于第 980 个主题——管制运营范围内的大多数受管实体不应按第 853 个主题——特许服务协议来进行核算。如果项目公司在第 980 个主题——管制运营的范围内，则该实体应继续遵循。

紧急任务工作组讨论了应用范围是否还应包括基础设施在整个使用寿命内都在被使用，但授予人并不能控制基础设施的剩余权益协议。结论是控制基础设施的剩余权益对判断协议的经济实质很重要。当项目公司控制剩余权益（无须考虑特许协议期满时该权益的预期价值）时，无须判断是否将基础设施确认为租赁或财产、厂房和设备。

紧急任务工作组认为，在第 853 个主题——特许服务协议范围内的特许服务协议不应视为第 840 号准则下的租赁。紧急任务工作组的一部分成员指出，在许多特许服务协议中，项目公司在协约期间基本上都收到了基础设施的所有产出，但付费并未按市价定价。因此，特许服务协议一般都符合租赁条件。另有紧急任务工作组成员建议，项目公司应首先查看第 840 号——租赁准则，以确定特许服务协议是否为租赁。其他成员则表示，由于难以进行此类评估，要求项目公司评估特许服务协议是否为第 840 号——租赁准则下的租赁比较困难，利益相关者难以了解情况，因此由紧急任务工作组审议这个问题。在他们看来，特许服务协议会计处理，应根据项目公司是否控制公共服务的基础设施来确定。

紧急任务工作组认为，本次修订范围内的特许服务协议，一般不符合租赁准则下的租赁定义。因为项目公司根据协议条款不能控制或拥有基础设施的所有权，所以对基础设施的权利不会致使基础设施被认定为项目公司的财产、厂房和设备。许多特许服务协议期限较长，在这种情况下，特许服务协议的安排形式和实质可能会向运营方传达对基础设施所有权责任。由于项目公司无法对基础设施进行控制，所以修正案应当明确基础设施不应该被认定为项目公司的财产、厂房和设备。草案的反馈者普遍同意这一原则。

　　紧急任务工作组决定不对在本原则内对运营方应当确认哪些资产为基础设施（如果有的话）进行具体指引，运营方应该考虑其他准则的适用性，以确认计量特许服务协议的相关内容。一些紧急任务工作组成员倾向于扩大第 853 号主题——特许服务协议的范围，以便对运营方应如何处理特许服务协议的相关内容进行具体指导。目前的美国公认会计准则中的许多原则可以为财务人员提供关于特许服务协议最适当的指导。此外，目前正在进行的美国财务会计准则委员会项目（如美国财务会计准则委员会和国际会计准则理事会收入确认和租赁项目）也正在处理一些与之相关的问题。

　　财务报告的目的是提供有助于潜在投资者、债权人、捐助者和其他资本市场参与者有用信息，有利于投资、信贷和类似资源分配决策。但是，提供信息时也应考虑相关成本。当前的和潜在的投资者、债权人、捐助者和其他财务信息使用者将因财务报告的改进而受益，而实施新准则的成本则主要由现有投资者承担。紧急任务工作组对发布新指引的成本和收益的评估不可避免地侧重定量而非定性，因为没有办法客观衡量实施新指南的成本或量化财务报表中改进信息的价值。

　　紧急任务工作组不希望本修订给运营方增加巨额费用，由于规定了特许服务协议不是第 840 号准则所规范的租赁，本修正将改善美国一般公认会计原则一贯性。

二、美国 PPP 会计处理 2017 年修改①

利益相关者注意到，运营方在应用第 853 个主题——特许服务协议时对如何确定服务内容存在分歧。本次修改解决了该问题。

第 853 个主题——特许服务协议为运营方在与公共部门签订特许经营权协议时提供指导。根据第 853 个主题——特许服务协议，项目方不应将基础设施视为租赁物或财产、厂房和设备。运营方应参考其他准则来对特许经营权的相关内容进行划分。例如，运营方应根据第 605 号——收入准则或第 606 号——来自客户合同收入准则来处理与建设、升级或与运营服务相关收入。根据第 605 号——收入准则指引，利益相关者指出，提供服务的客户是否是政府或者是否属于特许经营协议所指向的第三方用户尚不清楚。这种不确定性导致实际操作中存在很多问题。在第 606 号准则下也可能会出现类似问题。

本次修订适用于运营方在第 853 个主题——特许服务协议范围内特许经营权会计核算。

修订主要条款有：一个公共部门实体出让人（政府）与运营方达成收费公路特许经营权协议，该运营方将提供运营服务（包括基础设施运营和一般维修）且该收费公路将由第三方用户使用。本修订明确了在第 853 号——特许服务协议的对象，在任何情况下，出让人（政府）才是被提供服务客户而不是第三方。

美国公认会计原则（GAAP）目前并不涉及运营方在第 853 个主题——特许服务协议下如何确定服务客户，从而导致了实际操

---

① https：//www. fasb. org，FASB：Service Concession Arrangements（Topic 853）—Determining the Customer of the Operation Services，No. 2017 - 10 May 2017.

作中存在问题。本修订消除了该问题（通过明确政府是提供服务客户），并且能够在确认客户收入的其他方面得到更加一致的应用。

在本修订发布之后采用第606号——来自客户合同收入准则的运营方（无论是否在所需的生效日期或更早的时间内采用第606号——来自客户合同收入准则）都应采用，同时适用第606号——来自客户合同收入准则主体应该采取与准则修改后的规则选择相同转换的方法（包括在适用范围内应用相同的实务），除非主体在第606号——来自客户合同收入准则修改之前已经提前采用。

即使该主体尚未采用第606号——来自客户合同收入准则，一个主体可以较早地使用本次修订内容，包括过渡期间内。早期采用此准则的主体必须使用以下两种方法之一：（1）追溯法，记录会计年度开始时对股票累积影响。（2）披露主体过渡方法。如果一个主体在过渡期间选择提前使用本修改，则应该包括该期间内财政年度开始时的任何调整。在采用第606号——来自客户合同收入准则之前已经采用该修订的主体不允许使用本准则提供的实务方法。

已经采用第606号——来自客户合同收入准则的运营方。对于在本修订发布之前已采用第606号——来自客户合同收入准则的主体，生效日期如下：对于公共事业单位，已经在交易所或场外市场上交易、上市证券发行或是管理债券债务人的非营利性主体，向证券交易委员会提交或提供财务报表员工福利计划的单位，本修订自2017年12月15日以后的财政年度生效。对于所有其他运营方，本修订对于从2018年12月15日开始的财政年度和从2019年12月15日开始的财政年度内生效。已经采用第606号——来自客户合同收入准则的主体需要在本次修订中使用（1）记录会计年度开始时对股票的累积影响或（2）一种追溯方法。在本修订中转换方法不需要与在采用第 606 号——来自客户合同收入准则所规定转换方法相一致。但是本修订过程中，在最初使用第 606 号——来自客户合同收入准则时，主体需要使用本准则中所规定的处理方法。变更披露取决于主体在本修订中采用的变更方法。

已经采用第 606 号——来自客户合同收入准则的主体可以在先前修订的基础上进一步应用，包括过渡期间内方法。

第一，特许经营权。特许经营权可采取多种不同的形式。符合第 980 号——管制运营的特许经营权，应适用 980 号准则的指导意见，不得遵循本准则。

第二，确认。运营方应根据适用的第 605 号特许经营权准则或第 606 号客户合同收入准则来进行收入的确认。在应用第 605 或第 606 号准则时，项目公司应在特许经营准则范围内考将授予人作为其运营服务的客户。运营方应参考其他准则，来对特许经营权的其他方面进行会计处理。

在本准则范围内作为特许经营权主体基础设施，不得视为运营方财产、厂房和设备。本准则范围内的特许经营权不属于第 840 号——租赁准则所述的范围。

第三，确定提供服务客户。对于公共事业单位，已经为在交易所或场外市场交易、上市或报价的证券发行或是管理债券债务人的非营利性主体向证券交易委员会提交或提供财务报表的员工福利计划的单位，本修订是自 2017 年 12 月 15 日以后的财政年度生效，包括该会计年度内临时期间。

对于所有其他主体，本修订对于从 2018 年 12 月 15 日开始的财政年度和从 2019 年 12 月 15 日开始的财政年度内的临时期间生效。

第四，结论基础。第 853 个主题——特许服务协议范围内交易，现行美国公认会计准则要求运营方应参考其他准则，以说明特许经营权的核算。然而，其他准则对特许经营权的一些独特性应用导致了一些会计问题，特别是在应用第 605 号准则时产生了关于建造、升级和运营服务方面问题。在解决这些问题时，一些利益相关者参考了在国际财务报告准则解释委员会第 12 号。美国财务会计准则委员会工作小组决定处理的主要会计问题是，在第 853 个主题——特许服务协议范围内如何确定特许经营服务的客户。根据特许经营权的条款，一些利益相关者声称，第三方用户可以是运营服务的客户，而其他利益相关者在考虑到第 853 个主题——特许服务协议的范围和认定后则认为授予人始终是运营服务的客户。客户确定的这种不确定性，导致了运营方核算授予人基础设施的会计问题。这又增加了在使用第 605 号准则其他内容的复杂性（进而导致实务中的分歧），例如在某些特许经营权中确认建造服务的收入时，需要判断基础设施维护是否是可以单独交付，并需要评估当不是单独可交付时维护是否可以资本化。第 606 号准则也出现了类似会计问题。

在 2016 年 9 月 22 日的会议上，美国财务会计准则委员会应急任务工作组第 16 - C 号"确定特许经营服务的客户"达成共识。委员会随后对 2016 年 10 月 5 日和 2016 年 11 月 4 日发布的会计准则修订发表了一致意见。特许经营权（第 853 个主题——特许服务协议）——为确定运营服务客户征询公众意见，截止日期为 2017 年 1 月 6 日。委员会收到了八份关于拟议修订的意见书。除了评估意见书过程所产生的反馈外，工作人员还通过与财务报表用户的沟通获得了协议额外的反馈意见。

工作小组在 2017 年 3 月 16 日的会议上审议了关于拟议修订的意见，达成了共识。委员会随后批准、发布了本修订。

在特许经营中，运营方可以在基础设施不存在的情况下提供建造服务，并且可以提供运营服务（包括基础设施运行和一般维护），也可提供其他服务。一致认为，授予人是运营方提供的任何建造服务客户，因为施工服务创造或增加了授予人拥有的资产。

然而，目前在运营服务方面缺乏美国公认会计准则的指导，导致实务中有多种问题，一些运营方向国际财务报告准则解释第12号——特许服务协议寻求额外指导。运营方认为，运营服务的客户取决于特许经营权的条款，包括谁承担需求风险（即用户支付服务的能力和意愿），这与国际财务报告准则解释第12号——特许服务协议的评估一致。运营方认为，在考虑了第853个主题的范围和规定后，运营服务客户是授予人。

工作小组达成一致意见，即授予人在所有情况下都是第853个主题——特许服务协议准则范围内的特许经营服务客户。

第853个主题——特许服务协议范围内的特许经营协议的基础设施不应作为运营方的租赁物或财产、厂房和设备进行核算。因此，工作小组认定运营服务的客户是授予人，因为运营方是作为授予人的服务提供者（或外包商）来运营和维护由授予人控制的基础设施。

美国财务会计准则委员会工作小组的一位成员指出，在所有情况下，授予人是运营服务客户的结论与国际财务报告准则解释第12号——特许服务协议不一致。该工作成员认为，国际财务报告准则解释第12号——特许服务协议的范围与第853个主题——特许服务协议类似，同样能得出结论：特许经营权不被运营方作为租赁物或财产、厂房和设备。然而，在国际财务报告准则解释第12号——特许服务协议中，运营服务的客户可以是授予人或第三方用户，具体取决于特许经营权的协议条款，包括谁承担需求风险。该成员也承认，工作小组可以得出不同且不与国际财务报告准则解释第12号——特许服务协议冲突的结论。与国际财务报告准则解释第12号——特许服务协议不同，美国公认会计准则目前并未说明运营方在特许经营中需求风险的作用和权利。其他小组成员在理解需求风险概念时指出，需求风险并不超过授予人控制或有能力修改或批准运营方运营基础设施所必须提供服务内容、对象与价格。一些小组成员也观察到，需求风险只是在特许经营权的谈判和定价中需考虑的经济变数；会计核算的客户是谁并不是决定因素。

美国财务会计准则委员会工作小组的成员指出，确定运营服务客户方式可能是根据特定交易的事实和情况（部分原因是特许经营权可能采取多种不同的形式），但工作小组最终决定授予人在所有情况下都是运营服务的客户。

美国财务会计准则委员会工作小组还考虑是否要求进一步披露有关运营服务客户身份的信息。由于工作小组达成了一致意见，即在所有情况下授予人都是运营服务的客户，所以小组决定不要求任何额外的披露，因为这些披露不会对用户产生任何增量信息。

美国财务会计准则委员会工作小组指出，这种做法解决了在某些特许经营权中确认建造服务收入的实际问题，其中第三方用户被利益相关者视为某些特许经营权的客户，对收入确定的这一特定方面不需要额外的指导准则。工作小组还审议了是否有必要划分收入指导的其他方面，例如在第 605 号——收入准则下确定维修是否是单独交付（或第 606 号——来自客户收入准则下的单独履行义务），或评估维护不可单独交付时（或单独的履行义务时）是否可以进行资本化。

本修订的一些反馈意见要求美国财务会计准则委员会工作小组进一步解释其结论，说明运营方如何确定运营服务的客户。具体来说，一位反馈人询问在不属于第 853 个主题——特许服务协议范围内的业务是否还能准确遵循其他规则。工作小组认为，根据第 853 个主题——特许服务协议的具体范围标准和相关会计要求，在任何情况下授予人都是运营方运营服务的客户。这些在第 853 个主题——特许服务协议特定范围内的交易条件规定，使工作小组得出结论，即运营方作为授予人服务提供者。有反馈人要求第 853 个主题——特许服务协议中提供关于运营方向授予人进行的与合同有关的付款处理。在工作小组看来，反馈人提出的实务问题并不完全适用于特许经营权，而是在很多行业都很常见。因此，工作小组决定不处理这些追加意见。

国际财务报告准则解释第 12 号——特许服务协议的范围与第 853 个主题——特许服务协议类似，作为特许经营权主体的基础设施不应被视为运营方租赁物或财产、厂房和设备。然而，国际财务报告准则解释第 12 号——特许服务协议包含额外要求，因为它澄清了运营方如何将现有国际财务报告准则的某些方面应用于特许经营权会计处理的核算。根据国际财务报告准则解释第 12 号——特许服务协议的规定，运营方接收或将收到基础设施的建设或升级服务的对价，运营方将其确认为金融资产或无形资产，或者二者的组合。在运营方在获得无条件收取现金或其他金融资产的合同权利作为进行建设或升级服务回报时，确认金融资产；在授予人给予运营方向第三方使用人收取使用基础设施的费用作为建造和升级服务的对价时，确认为无形资产。国际财务报告准则解释第 12 号——特许服务协议要求，如果运营方在收取建造和服务费用时，一部分为金融资产，另一部分为无形资产，运营方应该同时确认金融资产和无形资产。国际财务报告准则解释委员会指出，运营方收到作为其提供建造服务的无条件对价时，有两种流入和流出，而不是一种。在第一种情况下，与授予人进行非货币性交易换取了建造服务。第二种情况下，从授予人那里收到的无形资产用于赚取公共服务用户的现金流量。

国际财务报告准则解释委员会最近讨论了收到的一项请求，要求进一步解释运营方在国际财务报告准则解释第 12 号——特许服务协议的范围内来自与特许经营权相关收费的会计处理。如果收费不是因单独的商品或服务或单独的租赁使用权，则运营方将按以下方式支付：如果特许经营权导致运营方仅具有从授予人处收到现金的合同权利，则运营方将这些付款作为交易价格的减少进行会计处理，使用国际财务报告准则客户合同收入部分的准则对从客户处收取的费用进行会计处理。如果特许经营权导致运营方只有向公共服务使用者收费的权利（即按照国际财务报告准则解释第 12 号——特许服务协议部分所描述的无形资产模式），运营方已收到无形资产（即向公共服务用户收费的权利），作为其提供建造和升级服务的对价。运营方应该按照国际会计准则第 38 号——无形资产准则进行这部分收入的会计处理。如果运营方既有向公共服务用户收费的权利又有从授予人收到现金的合同权利（即国际财务报告准则解释第 12 号——特许服务协议处所描述的无形资产模式和金融资产模式），运营方则应考虑这些付款是代表对无形资产支付的付款，还是应付给客户的付款，或两者兼而有之。在国际财务报告准则解释第 12 号——特许服务协议范围内确定特许经营权取决于运营方（即金融资产或无形资产或两者兼有）收到的对价性质。工作小组达成以下共识，在所有情况下授予人都是运营服务的客户可能会在某些情况下导致第 853 个主题——特许服务协议和国际财务报告准则解释第 12 号——特许服务协议之间产生实务上的差异。

财务报告的目的是提供有助于潜在投资者、债权人、捐助者和其他资本市场参与者进行理性投资、信贷和类似资源分配决策的信息。为此目的提供信息的收益应该对相关成本的合理性做出解释。现有和潜在的投资者、债权人、捐助者和其他财务信息使用者受益于财务报告的改进，而实施新准则的成本主要由现有投资者承担。工作小组对发布新准则的成本和收益的评估不可避免地比定量性质更差，因为没有办法客观衡量实施新指导的成本或量化财务报表中改进信息的价值。

考虑到本次修订中的生效日期和转换要求与第 606 号准则的生效日期和转换要求的一致性，工作小组预计不会因为本修订而发生重大费用。现有和潜在投资者、债权人、捐助者和其他财务信息使用者将受益，因为本修订将导致运营方对其财务状况做出更为细致的财务报告。

三、美国财务会计准则委员会关于 PPP 会计处理进一步讨论

美国财务会计准则委员会紧急任务工作组（EITF）在 2016 年 9 月第 16 – C 号问题："在一个特许服务经营协议中决定运营服务的客户"，进一步讨论了 PPP 项目处理问题。

在 2016 年 9 月 22 日紧急任务工作组的会议中，工作组讨论主体是第 853 个主题——特许服务协议，在特许经营协议的范围内运营方应该如何决定业务工作的客户。在会议中，工作组达成共识，即在任何第 853 个主题——特许服务协议范围内的特许经营协议中，授予方是特许经营服务客户。工作组也就该问题达成以下一致意见：（1）不要求额外披露运营服务的客户身份，因为工作组确定这不会给用户提供增量信息；（2）在问题终结之前还没有采用第 606 号——来自客户收入中的修订的主体，将会被要求采用，这是因为当运营方采用了第 606 号——来自客户收入中的修订，运营方就应采取和第 606 号相同的过渡方法，并提供和第 606 号准则相同的过渡披露；（3）在问题终结之前已经采用第 606 号——来自客户收入中的修订的主体，适用该修订。运营方采用追溯方法或者通过将累计效应调整记录在初次申请日期权益中的追溯方法。

在考虑了利益相关者的考虑后，为了那些在问题终结之日前采用了第 606 号——来自客户收入的主体，工作组也决定等着确定拟议修正案的生效日期。同时，工作组也决定等着确定是否允许应用拟议修正案。在 2016 年 10 月 5 日的委员会会议上，委员会批准了由工作组达成的一致意见。在 2016 年 11 月 4 日，委员

会出版了拟议的会计准则修订，特许服务经营协议——确定运营服务的客户。

2017 年 3 月 16 日，紧急任务工作组在收到一些反馈意见后再次审议，以确定是否把一致意见确定为一种共识。这个备忘录总结了自 2016 年 9 月 22 日的紧急任务工作委员会会议后，收到反馈意见评论和其他问题，提供了关于工作小组如何执行的分析和建议信。

在收到的对提议修改的反馈意见中，大多数受访者都支持这个一致意见，即在所有情况下在第 853 个主题——特许服务协议的范围内，授予人是运营服务的客户。大多数受访者也同意，在这一问题上达成的其他共识。受访者需要回应一些问题，要求他们反馈有关实施修正所必需的时间，这个修订稿是在提议的修订时间截止之前，提前采用第 606 号——来自客户收入的主体所适用，并且要求利益相关者反馈提议修订是否需要立即执行。反馈涉及多个方面。一些利益相关者有增量的观察（或要求），即员工将会在备忘录的"包括在反馈记录的其他要求"这个部分中，进行讨论和评价。

问题 1：在一个特许服务经营协议中确定运营服务客户

提议修改中包括了以下问题，这些问题关于在第 853 个主题——特许服务协议的范围内决定在一个特许服务经营协议中运营服务的客户。例如：你同意在第 853 个主题的范围内，在特许服务经营协议的所有情况中，运营服务的客户都是授予人吗？请解释为什么。如果你不同意，请提供一些在第 853 个主题——特许服务协议的范围内进行交易且运营服务的客户不是授予人的例子。

除了一个回应者之外，所有人都同意在第 853 个主题——特许服务协议的范围内，在所有特许服务经营协议的情况中，授予人都是运营服务的客户。提出的解释与美国财务会计准则委员会工作组的讨论通常是符合的。也就是说，运营方作为授予人的服务提供者来建造和维持基础设施，运营方认为授予人控制了在特许服务经营协议项目结束时基础设施中的所有剩余权益（通过所有权能获益的权利等），并且授予人控制了或者有能力调整或批准运营方必须提供的服务，对于运营方来说他们必须以授予人要求的价格提供这种服务。一个专业会计组织的委员会成员观察到在他们的客户已经加入特许服务经营协议的情况下，运营服务的客户是授予人。同时，两个专业会计组织声明他们不能指出任何运营服务的客户都不是授予人的情况。

不同意提议的修订反馈者认为，运营服务的客户意图应该基于大量合同为基础来进行评价。并且他们准备了与被欧盟采用的国际财务报告准则相一致的合并财务报表。一些反馈者在回应中指出，在美国，他们运营了 5 条收费公路，共计 88 亿美元。通过比较国际财务报告准则解释委员会——服务特许协议和需求风险的概念，解释了他们与一致意见的分歧。也就是说，在无形资产模式中，他们注意到特许资产的性质包括了在一段时间内（也就是需求风险类型的项目）要求司机为使用的基础设施支付过路费的权利（在收费公路特许服务经营协议的情况下）。由于在这种情况下运营方受到需求风险的影响（如得到的经济利益部分取决于司机的数量），所以反馈者认为第三方使用者才是客户。相反，在金融资产模型中，特许资产的性质包括从授予人那里收到运营基础设施的有效报酬，并且只有在这种情况下，授予人才是客户。然而，尽管在特许服务经营协议中只有授予人和运营方两方，但是反馈者认为对于需求风险的特许服务经营协议，考虑到在司机和运营方中的经济关系，授予方和运营方并不是唯一受到影响的一方。

一些反馈者也认为，如果仅仅因为授予人对运营方提供服务的价格和质量进行行政干预就认为授予人是运营服务的客户，那么对于紧急任务工作组达成的关于问题的一致意见可能会对其他活动或个人产生影响。此外，他们注意到：如果有来自授予方的监管者，在国际财务报告准则解释第 12 号——特许服务协议下，对无形资产模型的应用并不能排除监管资产的存在。国际会计准则委员会最近有一个关于利率管制活动的项目，认为以下重大实际后果起源于授予人是一切情况下运营服务的客户这个一致意见：（1）对于长期存在的需求风险特许服务经营协议来说，这个一致意见将导致复杂判断和估计的大量增加，例如评估未来收入和将合同报酬分配到不同的履行义务中。（2）在特许服务经营协议需求风险方面，这个一致意见将导致财务信息对投资者没有太大用处，因为它不能反映基础经济学。这些都取决于第三方用户使用或者不使用基础设施。他们进一步指出，这可能导致投资者要求用非公认会计准则（例如交易的数量、价格）来理解运营方盈利的可能性。（3）这个一致意见将会在美国财务会计准则委员会和国际会计准则理事会的趋同计划中产生一个问题，并且将在国际财务报告准则解释第 12 号——特许服务协议和美国财务会计准则第 853 个主题——特许服务协议中有不同的应用。

问题 2：工作组想确认其一致意见，即在美国财务会计准则第 853 个主题——特许服务协议的范围内，在特许服务协议的所有情况下，运营服务的客户都是授予人？

在评估从受访者那里收到的反馈时，工作人员没有识别出任何工作组之前没有识别出的新信息。工作组在 2016 年 10 月 22 日的会议中讨论了国际财务报告准则解释第 12 号——特许服务协议的指导，包括需求风险的概念。工作人员也注意到对反馈者的担忧并且提出了由提议的修正案所产生的实际后果：其他活动或行业的影响。工作人员发现这个一致意见，即在所有情况下授予人是运营服务的客户，只适用于在美国财务会计准则第 853 个主题——特许服务协议的范围内的交易。工作组认为，在之前与特许服务协议有关的问题中，美国财务会计准则第853个主题——特许服务协议和第980号——监管运营之间相互作用。在2014年，美国财务会计准则委员会提出，虽然受管制的业务和特许服务协议共享"服务价格由授予人决定"这个特征，但工作组发现第980号——管理运营的范围不同于2014年5月的修订范围，因为在受管制的业务中基础设施通常由运营方控制，并且由经营方保留剩余权益，特许服务协议却不是这样。美国财务会计准则委员会工作组总结了导致2014年5月修订的原因，是因为在第980个主题——管理运营的范围内，大多数受利率管制的主体活动通常不会在美国财务会计准则第853个主题——特许服务协议中说明，而美国财务会计准则第853个主题——特许服务协议符合第980号——管理运营的范围标准。相比之下，由于国际财务报告准则还没有关于利率管制业务的综合会计指导，所以国际财务报告准则解释第12号——特许服务协议没有类似的范围差异。在所有情况下，授予人都是运营服务客户的一致意见，并且这个一致意见并没有依赖反馈者提出的"行政干预"。相反，授予人对所提供服务做出实质性决定，并控制在特许经营服务协议结束时对基础设施的所有剩余权益。

增加判断和估计。对于运营方建造基础设施的需求风险特许服务协议，目前得出的结论是确定每个履约义务都有不同的客户（也就是说授予人是施工服务的客户，第三方使用者是运营服务的客户），一些运营方在施工阶段以提供建筑服务的公允价值确认无形资产和相应的收入。在这种情况下，由于所有与施工服务有关的收入都已经得到确认，所以运营方在运营期间收到的任何款项不需要在施工服务和运营服务之间分配。有意见要求运营方在建设服务和运营服务之间（这是根据特许服务协议收到的唯一建议）分配收到的代价（在施工阶段将不确认无形资产）。因此，工作人员认为比起其他种类的特许服务协议（例如在需求风险中，只有一个履行义务与运营基础设施或其他类型的特许服务协议相关联，在此特许服务协议中一个运营方从授予人处受到固定款项来运营和维护基础设施），将导致更多地对需求风险特许服务协议的判断和评估。正如反馈所列举的，这些判断和评估包括确定交易价格（包括评估变量考虑因素和对变量考虑因素进行约束），并将交易价格分配给确定的履约义务。然而，工作人员认为这些实际考虑并不是特许服务协议特有的。在第 853 个主题——特许服务协议范围之外的许多收入交易要求使用判断来评估不确定因素对一个主体期望的可变因素影响。在这个方面，第 606 号——来自客户收入准则提供了增加指导并认为"主体用来估计变量考虑因素的信息通常与主体管理层在投标中使用的信息和在评估货物或服务的价格时使用的信息相似"。

美国财务会计准则委员会和国际会计准则理事会之间的合作计划问题。工作人员指出，这是在 2016 年 9 月 22 日的美国财务会计准则委员会应急任务工作组（EITF）会议上进行讨论。

美国财务会计准则委员会工作人员指出，虽然一些运营方是公共主体，但大多数是私人主体。在这种情况下，私营运营方财务报表的使用者可能具有相对较高的对管理的访问级别。工作人员也指出，信息的可比性对正在使用不同运营方的财务报表进行投资或贷款决策的财务报表使用者而言是重要的，并且在对问题共识中得出一个将可以改善运营方之间财务信息可比性结论。自 2016 年 9 月 22 日的美国财务会计准则委员会应急工作组会议起，工作人员从政府视角，讨论有相关特许服务协议问题。在讨论了"一致意见"的问题与基础之后，与会者大致同意了与客户决定有关的一致意见。工作人员还与两名 PPP 项目的信用分析师和会计专家进行了交谈。根据与工作人员的讨论，分析师同意由工作组就此问题达成的一致意见——财务报告和经营方之间的可比性日益一致。分析师还指出，目前一些运营方为了获得向基础设施用户收取费用的权利而在财务报表中报告的无形资产数据，对分析师评价运营方的财务状况没有显著影响。基于意见书收到的反馈、工作人员对专家关注的分析、工作人员建议工作组确认一致意见，即授予人在所有情况下是运营服务的客户。工作人员认为"一致意见"将解决在特定特许服务协议实践中确定客户时存在的多样性，这就是为什么将问题加入美国财务会计准则委员会应急工作组议程的原因。

两位受访者在与问题有关的意见书中提出了以下增量观察：（1）一名审计员指出，通过类比不属于第853号主题范围的安排，目前尚不清楚在提议的修订中是否适用指导意见，例如，运营服务的授予人控制或有能力调整或批准这些服务，但不控制在安排期限结束时基础设施的剩余权益，在这种情况下如何确定运营服务的客户；（2）一个专业会计组织要求在由运营方制定的合同相关支付款项第853个主题——特许服务协议中提供应用指引。具体来说，考虑到不同的风险和报告要求，应答者指出，在提议的修订中，澄清是有用的：向授予人（客户）付款应该根据第606号要求（向客户付款的要求指导），其他直接增量成本应该用与客户的其他资产和递延成本合同来评估。该专业会计组织还建议在第853个主题——特许服务协议中增加示例或实施指引，以进一步说明经营方向授予方支付的会计处理而不是简单提及第606号——来自客户收入。在这种情况下，识别与特许服务协议有关的要求是一种长期潜在的挑战。最后，一位审计员质疑这个问题的范围是否会影响到支持修订的准备者和利益相关者的广泛基础。审计员建议委员会重新考虑修订是否有必要。

问题3：不属于主题第853个主题——特许服务协议范围内的交易处理问题

美国财务会计准则委员会工作人员建议，工作组不进行其他标准制定活动来完成本项目。关于在修订中通过类比于不属于第

853个主题——特许服务协议范围内的交易来应用何种会计指引问题，工作人员指出这不在本期的范围之内。在所有情况下，授予人是运营服务客户是根据提议修订第853个主题——特许服务协议所规定的具体范围来界定以及相关会计要求所确定的。在第853个主题——特许服务协议范围内非常具体的交易环境使工作组得出了运营方是授予人服务提供者的结论。"一致意见"是通过类比不符合第853个主题——特许服务协议范围的其他交易而得出的。考虑到其他交易的事实和情况可能不同，使用这个一致意见可能导致不适当的结论（如在其他交易的财务报表中主体可能把基础设施作为财产、厂房或设备）。

关于经营方制定的与合同付款相关的第853个主题——特许服务协议的洽谈应用指引，美国财务会计准则委员会工作人员注意到，根据拟议的修订，运营方为了获得基础设施运营权利而向授予人付出的预付款（也就是说付款不是为了换取不同的商品或服务）是应付给客户的而不是获得合同的增量成本。因此，这一付款可以通过适用第606号指导来解释。

第853个主题——特许服务协议目前没有实施指南或说明。受访者提出的对客户提前支付的实施问题不仅限于特许服务协议，而是在许多行业中很常见。因此，如果要增加实施指导，工作人员认为应将其添加到第606号——来自客户收入而不是第853个主题——特许服务协议。在这个方面，收入确认过渡资源小组（TRG）最近讨论了类似的问题，决定不开展任何标准制定活动。具体来说，在收入确认过渡资源小组议程草案中，收入确认过渡资源小组讨论了与确认支付时间有关的第606号——来自客户收入，在利润表中向客户支付预付款的会计处理。讨论的内容包括：在利润表中是否立即支付预付款，或者将付款确认为随后进行"摊销"的资产，以及分期摊销支付的期限。在收入确认过渡资源小组文件中，美国财务会计准则委员会工作人员指出，主体应了解客户付款的性质，了解合同中的权利和义务，评估相关事实和情况，将第 606 号——来自客户收入的指导应用到向客户付款的事项中，考虑其他美国公认会计准则是否适用，并适用专业判断。

问题 4：关于运营服务客户识别的披露

提议的修订包括了以下关于披露的问题，该披露是关于运营方如何在特许服务协议中确定运营服务的客户。除了美国公认会计准则的披露之外，委员会不要求其他运营方提供关于决定运营服务的客户的披露。第 606 号——来自客户收入所要求的信息披露是否足以满足这些类型的安排？如果没有，请提出其他可能提供有用信息的披露。

所有受访者均同意接受协商一致意见，不需要额外披露客户决定。如果有必要的话，一个主体应披露并解释特许服务协议（因为这些安排具有用户应该注意到的独特风险和回报），但是美国财务会计准则委员会工作小组并不认为反馈中建议的披露超出了第 853 个主题对披露的要求，也就是说这些信息披露将由收入标准的应用或其他会计主题的应用来提供。

问题 5：工作组是否希望确认一致意见，而不要求对特许服务协议中确认运营服务的客户进行任何增加披露？

与收到的反馈一致，工作人员认为对运营服务确认的客户进行增加披露并不会导致任何增量信息。因此，工作人员建议工作组确认一致同意，而不是要求增加披露运营方如何确定运营服务的客户。

第三节　英国 PPP 项目会计处理

英国 PPP 会计处理规范主要体现在英国会计准则委员会颁布的财务报告标准第 5 号——报告交易实质——私人融资计划。

1994 年，英国会计准则委员会颁布财务报告标准第 5 号——报告交易实质，对涉及 PPP 业务进行了说明。① 1998 年，英国会计准则委员会修改了财务报告标准第 5 号，公布了财务报告标准第 5 号——报告交易实质——私人融资计划及其类似合同处理，并于当年生效。2003 年，英国会计准则委员会修改了财务报告标准第 5 号的收入确认方法。2015 年 1 月后，财务报告标准第 102 号取代了第 5 号。

一、英国 PPP 会计处理规范演变

1994 年，财务报告标准第 5 号——报告交易实质——私人融资计划讨论了表外融资问题，并要求根据交易实质而不是法律形式在表内反映任何交易商业影响，所有资产、负债及其损益都应在表内充分反映。财务报告标准第 5 号——报告交易实质——私人融资计划有 7 个应用指引，其中第 6 个指引讨论了私人融资计划及其类似合同处理问题，并指出该指引在 1998 年生效。

1997 年，英国财政部专门工作组（Treasury Taskforce）发布《私人融资计划技术说明第 1 号——如何对私人融资计划交易进行会计处理》（简称 PFI TN1），但该技术说明并没有指出公共部门如何对 PPP 资产进行会计处理。1998 年，英国会计准则委员会发布了《财务报告标准第 5 号修正条款——私人融资计划及类似合同》（FRS5A），对私人融资计划项目及类似合同的会计处理方法加以明确。英国会计标准委员会（ASB）修改了财务报告标准"报告交易实质"第 5 部分（FRS5），增加了一章"私人融资计划（PFI）及类似合同应用第 6 部分说明"，该标准指出，经济风险与

---

① https：//www.frc.org.uk，FRS5：Reporting the substance of transactions，1994.

报酬法是核算私人融资计划基础。① 财务报告标准第 5 号——报告交易实质——私人融资计划第 6 部分说明基于这样一个假设：大多数私人融资计划需要经营者设计、建设、融资与经营，特许服务协议在这一基础上产生，由此推出核算私人融资计划项目基本原则。根据英国财务报告标准，确认资产一方有权从中获得收益并由此承担了报酬风险。如果该方是服务购买者，那么它就有了承担按私人融资计划协议要求支付款项义务。

在确定特许服务那一方应把相关财产确认为资产时，财务报告标准第 5 号——报告交易实质——私人融资计划第 6 部分说明指出，应考虑到合同服务因素但要与服务财产收费相区分。服务因素与运营方经营财产所提供服务内容相关。应剔除可区分服务因素，因为它们与应把协议服务财产确认为哪一方资产无关。无论哪种特许服务合同都应遵守这一原则来核算可区分服务因素。剔除可区分因素后，私人融资计划可分为以下两种类型合同：（1）仅仅为一些剩余因素而支付款项的协议方，该协议与租赁合同相同，遵循英国第 21 号标准会计实务公告——租赁和租用购买合同（UK SSAP 21）；（2）剩余因素包含了一些服务内容，应按财务报告标准第 5 号——报告交易实质——私人融资计划第 6 部分说明来核算。应该指出，大多数私人融资计划是属于第二类合同。根据财务报告标准第 5 号——报告交易实质——私人融资计划第 6 部分说明，从私人融资计划获得收益并承担风险的缔约方的财产损益存在差异。来自私人融资计划协议财产的成本收益应区分于非来自协议财产的成本收益。只有来自协议财产的成本收

---

① PFI, Private Finance Initiative and Similar Contracts Application Note F (Application Note F). FRS 5 and Application Note F also are the basis for the recommended public sector accounting and financial reporting guidance related to PPP arrangements in Australia9 and New Zealand, although application of the guidance has varied among jurisdictions.

益差异才与缔约方相关，才可以确认相关资产。那么，究竟哪些因素是与私人融资计划协议财产成本收益相关呢？财务报告标准第 5 号——报告交易实质——私人融资计划第 6 部分做出了说明。

需求风险，与预期财产需求多少相关。如果需求风险是重大的且是可识别的，风险承担者应把相关财产确认为资产。存在第三方收入，使用私人融资计划协议财产方不是授予方，如果经营者收入来自第三方，相关财产则确认为经营者资产；如果第三方使用财产可能性非常小，相关财产则确认为授予方资产。谁决定所建造财产性质，或者说，应建造何种财产，该因素与如何执行私人融资计划协议相关。如果财产性质与运营方式是由授予方决定且承担了相关经营风险，相关财产则确认为授予方资产。相反，如果建造何种财产如何经营是由运营方来决定，相关财产则确认为运营方资产。低于财产绩效标准或不可用的罚金，该因素与运营方相关。由于运营方缺陷，所建造财产不符合私人融资计划标准或者无法使用，运营方就需要支付罚金。罚金与所建造财产严格正相关，与服务无关。如果这种罚金发生可能性非常小，那么相关财产应确认为授予方资产；反之，应确认为运营方资产。财产相关成本未来变化。如果移交给授予方财产成本显著增加，那么相关财产应确认为授予方资产；如果运营方成本存在重大不确定性且移交给授予方财产与协议不存在任何差异，那么相关财产应确认为运营方资产。财产陈旧风险，该因素与合同性质相关。如果财产陈旧或技术变化是取决于合同约定的，那么享有财产收益与承担风险方确认为资产。合同结束安排与财产剩余权益风险。合同剩余权益不同于预期价值，如果财产剩余权益风险是重大的且由一方来承担，那么承担风险方作为协议财产确认资产方。如果存在以下情况，则表明授予方承担了财产剩余权益风险：（1）在合同结束时以固定价格或名义金额购买该财产；（2）财产以固定价格或名义金额移交给授予方以确定的新运营方；（3）不按财产剩余权益情况而向运营方支付了巨款。如果存在以下情况，则表明运营方承担了财产剩余权益风险：（1）合同结束时运营方继续保留该财产；（2）财产按市场价格转让给授予方或新的运营方。财务报告标准第 5 号——报告交易实质——私人融资计划第 6 部分说明指出，在确定那部分为资产时应综合考虑各种相关因素，采用加权原则合理判断。

值得注意的是，财务报告标准第 5 号——报告交易实质——私人融资计划第 6 部分说明没有讨论财产建造风险。事实上，建造风险与谁决定财产性质相关，它是在提供服务之前发生的。在英国会计标准委员会看来，建造风险与确定那方应把财产确定为资产不相关，因为这种风险通常对财产运营寿命没有影响。可是，建造风险无关论可能会产生一些问题。如果存在其他一些证据，虽然授予方承担了建造风险，却要确认为运营方资产，这就产生矛盾。

2007 年，英国政府宣布公共部门会计原则由遵从英国公认会计原则（UK GAAP）向遵从国际财务报告准则（IFRS）转变，于2008 年 9 月生效。① 这一宣告表明财务报告标准第 5 号——报告交易实质——私人融资计划第 1 部分和私人融资计划技术说明第 1号从 2008 年 9 月起不再适用。由于国际财务报告准则解释第 12号——特许服务协议仅对特许经营协议中运营方的会计处理规定未涉及公共部门的会计处理，因此英国政府对国际财务报告准则解释第 12 号——特许服务协议进行了扩展。根据英国财政部 2008年关于 PPP 项目核算规定，如果授予人能够在服务内容的确定、服务对象的选择以及服务价格调整方面控制运营方，并且特许服务协议结束时能够控制基础设施的重大剩余权益，那么授予人应按照特许服务协议要求确认特许经营期间利息费用和服务支出。

---

① 2008 年 3 月，英国政府宣布国际财务会计报告准则延期到 2009 年10 月生效。

如果不能实施控制的，授予人则应判断该服务协议是否符合国际财务报告准则解释第 4 号——租赁范围，如不是租赁的，则应确认日常支出；如是租赁，则按租赁准则处理。

2015 年，英国新的公认会计原则财务报告标准第 102 号——报告实质——私人融资计划取代了第 5 号，在英国财务报告标准第 102 号——报告交易实质——私人融资计划第 2 部分、第 11 部分、第 12 部分与第 23 部分讨论了交易实质内容。第 2 部分讨论了财务会计概念与一般原则，第 11 部分讨论了基础金融工具核算，第 12 部分讨论了其他金融工具问题，第 23 部分讨论了收入确认及计量。

二、私人融资计划（PFI）及类似合同处理

1998 年，英国会计准则委员会应用指南 F——私人融资（PFI）计划及类似合同。[①] 在这份指南中使用了以下名词：在私人融资计划模式下获得服务的公共部门通常被称为购买方。在私人融资计划模式下提供服务并从购买方获得回报的私营部门通常被称为运营方。在私人融资计划模式下建造的客体，例如公路、医院、监狱等被称为"财产"。"资产"一词则指资产负债表中确认的项目。

在私人融资计划合同中，私营部门负责提供原本由公共部门提供的服务。在大多数私人融资计划合同中，运营方为了提供合同规定的服务，需要进行设计、建造、融资和运营。合同涉及的项目包括道路、桥梁、医院、监狱、办公室、信息技术系统与教育机构等。

---

① https：//www. frc. org. uk, accounting standards board september 1998 amendment to frs 5："reporting the substance of transactions"：private finance initiative and similar contracts.

提供服务的合同是由购买方（公共部门）授予运营方的（私营部门）。合同将明确规定合同期所需的服务水平。通常情况下，合同规定了每期支付的统一的回报，该回报与可用性、性能和使用水平等有关。运营方拥有或租赁财产通常是完成合同中的服务所必需的。例如建筑（监狱或医院）、公路、铁路、桥梁、车辆、计算机系统等。为了满足购买方的法定义务，合同可能明确规定了财产的特征或标准。在私人融资计划合同期限内，该财产可能具有或没有第三方使用的可能性。私人融资计划合同规定了合同结束后财产的处置，包括一方或双方可用的多种方法。财产的所有权可能以固定或名义价格转让给购买方，或者制定重新招标的条款，将财产转让给未来新的运营方。在以上两种情况下，私人融资计划合同要求财产维持最低标准或在合同结束后仍处于可使用的经济寿命内。还可能发生的是，运营商在私人融资计划合同结束时保留对该资产的合法所有权，或者买方按照当时的市价获得财产的所有权。作为公共部门，购买方必须保证，与提供服务相比，私营部门的参与提供了资金价值。这通常是通过将风险从公共部门转移到私营部门来实现的。私营部门之间签订的合同与私人融资计划合同性质类似，例如一些仓储和分销服务合同，其中有履行合同服务所必需的财产。这份应用指南与这类合同相关。

（一）基本原理综述

目前的做法是不将服务合同资本化。然而，当履行服务合同需要财产时，目前的做法可能要求将该财产确认为买方的资产（如在一些收付合同中，运营方建造的特殊资产几乎没有别的用处）。以下分析的目的在于确定：私人融资计划合同中的购买者拥有用于提供合同服务的财产以及相应需要偿付运营方的负债，还是仅有服务合同。运营方拥有用于提供合同服务的财产，还是拥有金融资产且该资产对购买者而言是负债。在英国财务报告标准的一般原则下，一方拥有资产，则该方获得财产的收益权，同时承担收益固有的风险。如果该方是购买方，则它应为财产承担向运营方付款的相应债务，私人融资计划合同的商业效应要求购买方向运营方支付能够涵盖该财产成本的金额。在某些情况下，合同可能是分离的，例如决定私人融资计划回报的各要素彼此独立运作时产生商业效应。"独立运作"意味着各要素的表现不同，因此可以单独辨认。例如，在某些要素只涉及服务（如清洁、洗衣、餐饮等）而不涉及财产的情况下，任何此类服务要素都与确定该方是否拥有该财产无关，并且应该被忽略。在很多情况下，合同都是可分的。

一旦排除了可分离的服务元素，就可以将私人融资计划合同分为：剩下的元素只与支付财产的费用有关的合同。这种情况与租赁相似，根据英国财务报告标准的解释，适用于英国标准实务惯例第 21 号——租赁和租购合同会计。这种情况完全适用于英国财务报告标准而不是英国标准实务惯例第 21 号——租赁和租购合同会计。对于那些符合英国财务报告标准规定的合同，一方是否拥有财产的问题应该取决于各方能够承担财产收益或损失的变动的程度。在进行分析时有三项重要原则需要考虑：在确定一方承担财产利润（或损失）的变化程度时需要考虑一系列的相关因素，并且有必要将这些因素整合起来，考虑整体的影响。然而，任何仅与服务相关的利润（或损失）的可能变化都应排除在外，因为它只是一方当事人资产负债表上的财产，而不是整个服务合同的资本化价值。因此，与提供服务有关的可能变化和确定一方是否拥有财产无关。在确定适用的会计处理方法时，应该更加注重在实践中更容易产生商业影响的因素。如果发生的某个事项或现金流没有商业实质，这种事项或现金流则应被忽略。

（二）合同的分离

在一些情况下，合同是可分离的，即决定 PFI 回报的各要素彼此独立运作，产生商业效应。"独立运作"意味着各要素的表现不同，因此可以单独辨认。在考虑一方是否拥有财产时，任何只与服务有关的可分离的要素都应被排除。在确定合同是否可分离时，应考虑合同条款和付款方式在不同情况下的变化：合同标明为"统一支付"还是其他，都是不相关的。特别是在私人融资计划合同包括辅助服务（如餐饮和清洁）的情况下，这些服务的支付可能是可分离的。合同可分离的情况包括但不限于以下几种。合同区别了因财产本身可用性变化而造成回款变化的元素和因某些服务的使用、完成变化而变化的元素。合同的不同部分在不同的时期内运行，或可以分别终止。例如，某项服务的终止不影响合同其他部分的延续。合同的不同部分可以分别协商。例如，经过市场测试，购买方支付的部分与特定服务相关的回报是可辨认的，那么部分或全部的成本增加（或减少）将转移给购买方。

如果交易同时属于英国财务报告标准或英国标准实务惯例的范围内，则应使用包含更具体条款的标准。对于包含独立租约的交易，英国标准实务惯例第21号——租赁和租购合同会计将更适用。其他交易，特别是那些包含更复杂交易的租赁，将适用英国财务报告标准。私人融资计划合同将包含一个独立的租约，在排除任何可分离的服务元素之后，剩余的唯一元素是该财产的偿付。其他私人融资计划合同，例如有一些不可分离的服务要素，完全适用英国财务报告标准的范围。

在使用英国标准实务惯例第21号——租赁和租购合同会计时，关键问题是租赁是否为融资租赁，即相关资产所有权上的风险和报酬实质上转移给承租人。一种判断方法是，比较最低租赁付款额的现值和资产的公允价值（通常称为"90%测试"）。然而，在很多情况下不需要这种数值测验。租赁中，所有权的主要风险和回报通常是需求和剩余价值。凡与这些相关的风险和报酬基本上与购买者有关，因此不需计算就表明该租赁是融资租赁

（即该财产是购买者的资产）。只有在分担风险的情况下，才需要进行90%测试。即使使用90%测试，也应当注意不能将其当成唯一的测试，也不应机械地按照90%扣减。最重要的原则是确定购买者实质上是否拥有所有权的所有风险和报酬。在使用90%测试法时，问题在于最低租赁付款额的折现利率如何确定。英国标准实务惯例第21号——租赁和租购合同会计原则要求折现率仅与财产有关。以整个私人融资计划合同的回报率为基础的折现率可能不合适，因为它考虑了包括与合同的服务要素有关的风险在内的补偿。当服务元素比财产的风险更高时，将导致折现率过高。由于使用英国标准实务惯例第21号——租赁和租购合同会计的先决条件是财产的偿付已经与服务的偿付分离，因此通常可以从私人融资计划合同中获得仅与财产相关的折现率。在没有足够的信息的情况下，应参照类似租赁的预期利率（即在相似地点和相似期限内租赁相似财产）来估计利率。该比率的估计应连同租赁付款额的现值、假定财产的公允价值和假定的剩余价值一同考虑，以确保所有的数字是合理且一致的。在确定最低租赁付款额时，应当考虑实际产生商业效应的因素。因此，最低租赁付款额包括PFI合同预期对财产的偿付额，减去实际可能不需付款的部分。另一个需要考虑的因素是残值的风险。如果这种风险是重要的且由购买方承担，那么通常情况下表明私人融资计划合同实质上包含融资租赁，而该财产是属于购买方的资产。例如，在私人融资计划合同结束时，财产仍有剩余使用寿命，同时将财产按名义价格或固定价格转交给购买方。

对于那些完全适用于英国财务报告标准的合同，一方是否拥有该财产取决于它是否能够获得该财产的收益权同时承担相关的风险。这将反映在各方承担财产收益（或损失）的可能变化的程度上。原则是区分那些由财产特征决定收入和成本的潜在变化（这决定了财产归属与哪一方）及其他（这与决定财产归属无关）。

由于仅涉及服务，可能会存在直接导致利润变动的特征。这种变动可能表现为对业绩不佳的潜在惩罚，或潜在的收入变动或经营成本变动。无论变动大小，在评估财产的归属时，这些因素都应忽略。例如，在监狱的私人融资计划合同中可能会因为安全人员没有得到令人满意的培训而发生惩罚，或者在涉及餐饮设施的私人融资计划合同中，因为购买的食品不符合标准而惩罚。同样，运营成本的潜在变化可能仅与服务有关，例如餐饮设施中的原材料和消耗品的成本。这种潜在的变化与确定哪一方拥有该财产无关。

或许存在大量的财产特征。重要的是评估所有相关特征的影响和它们之间的相互作用，注重那些更可能具有实质上商业效应的特征。不能单独关注某一个特征。有必要考虑因财产特征引起的未来利润变化的可能性，以及可能产生的财务效应。纠正问题可能会产生额外的费用，但比冒更大风险承受损失要好，在这种情况下，应该考虑的是可能增加的成本，而不是可能的惩罚。同样，可以通过以较低成本改变财产的某些特征来避免未来成本的增加，在这种情况下，要考虑的变化是改变财产的成本。

（三）与财产相关的特征

正如以上所述，使用英国财务报告标准的关键在于确定谁承担了财产收益（或损失）的变化。在评估利润变动时，影响变动的因素取决于具体情况。其中主要的因素有：需求风险；第三方收益；决定财产性质的一方；经营业绩不佳或不可使用的惩罚；相关成本可能发生的变化；陈旧（包括技术变化的影响）；合同结束后的安排和残值风险；相关因素的评价。

1. 需求风险

需求风险指的是对财产的需求待遇小于预期的风险。当需求风险显著时，通常会清楚地表明哪一方将财产确认为资产。需求风险是由私人融资计划合同的市场经济条件造成的。合同的条款不能改变其存在和重要性；合同只能在合同双方之间分配需求风险，例如允许在一定的需求水平上重新协商合同。

第一步是确认需求风险是否重大。可能在有些情况下，对财产所提供的服务的未来需求水平几乎没有真正的不确定性。例如，在短期 IT 合同中，合同预测的需求水平与实际需求水平相差很多几乎是不可能的。在这种情况下，需求风险是不重要的，几乎不需要考虑这部分因素。在其他情况下，财产使用程度的不确定性可能很高，例如新开发区建设的新公路。在这类情况下，需求风险很高，哪一方承担风险在很大程度上影响了会计处理的选择。合同的期限也会影响需求风险的重要性。一般来说，合同期限越长，需求风险越大，因为后期的预测通常比较困难。同样重要的是要区分不重要的需求风险与使风险传递给其他方的合同条款。例如，长期来看，对某种类型的财产的需求可能存在很大的不确定性。然而，对这种类型财产的长期私人融资计划合同的条款可能促使购买者优先选择私人融资计划财产，而不是非私人融资计划财产，因此造成私人融资计划财产过多。在这种情况下，购买者维持了需求风险。

在确定需求风险显著的情况下，有必要确定谁将承担风险，即谁将承担需求的合理变化造成的影响。这将取决于两个相互关联的问题的答案：运营方与购买者之间的支付反映了财产的使用？还是无论使用水平如何，买方都必须向运营方支付费用？

如果需求超过预期，谁会获利？当私人融资计划付款不随需求或财产的使用发生重大变化时（尽管它们可能随其他因素变化），购买方有义务为财产的产出或容量付款（如监狱场所、医院病床），无论是否需要（如无论是否有足够的犯人或病人）。该财产是购买方的资产，购买方有责任为其付款。特别是如果购买方实质上有义务支付最低金额（即经济上不付款是不可能的），无论是否需要该财产，且最低金额超过财产成本，那么该财产是购买者的资产。在评估需求风险时，任何无法获得的财产的罚金或减免都应该被忽略：这与财产是否处于可使用状态有关，但不影响需求风险的发生。相反，在合理范围内，私人融资计划付款如果在随需求水平按比例变化的情况下，购买方将不必为其不需要的财产付款，这时该财产是运营方的资产。

此外，如果需求大于预期，承担需求风险的一方将获得收益。如果购买方承担了需求风险，它将因以极小成本甚至没有增量成本能对财产进行额外使用而获益。例如，如果医院门诊设备的支付基本上与它的使用无关，购买者将因以很少甚至不需支付增量费用对其他患者进行治疗而获益。这时财产属于购买方。相反，如果运营方承担了需求风险，那么额外的使用导致支付增加会使运营方获益。例如，如果医院门诊设备的支付是基于使用量的，当使用率高时，运营商将受益于额外的使用支付，尽管它可能承担很少的增量成本或没有增量成本。这时财产属于运营方。

2. 第三方收益

某些私人融资计划合同的一个特点是该财产预期由第三方使用。如果运营方依赖于第三方的收入来弥补其财产成本，这就证明了该财产是运营方的资产。相反，如果第三方使用量极小，或仅仅是未来可能发生，该财产更可能是买方的资产。典型的情况是购买者以某种方式保证了运营方从财产中获得的收益，或者第三方对财产的使用有一定的范围，但购买者严格限制了这种使用。第三方收入的存在可能与需求风险的发生有关。例如，购买方可以选择减少财产的使用，因此运营方试图找第三方使用剩余的闲置生产力。如果购买者的这种选择真的有可能发生，并且如果运营方承担了财产收入大幅下降的重大风险，那么财产就是运营方的资产。

3. 决定财产性质的一方

这一因素指的是决定 PFI 合同如何履行的一方是谁，特别是建造什么样的财产（如道路、医院等）。在本质上，购买者确定财产的主要特征以及它是如何运作的，承担对运作变更带来的成本影响，这是财产是购买者资产的证据。购买方可通过将其作为私人融资计划合同条款或通过施工阶段结束时的合同验收条款明确该财产的主要特征。或者购买方可以暗示性地确定财产的主要性质。例如，道路合同可以规定道路在一段相对较短的时间后以预定状态转交给购买者。这可能会影响运营方判断第一次建造道路的标准或随后如何进行公路的维护。

相反，如果由运营方对如何履行私人融资计划合同做出重大而持续的判断，并对建造什么样的财产和如何运作做出关键决定，承担由此产生的成本和风险，这表明该财产是运营方的资产。例如，为了减少成本，运营方在合同期限内可以自由地重新设计财产（可能甚至放弃原有的财产，并建立一个替代物）。类似地，在设计、建造和运营道路的私人融资计划合同中，运营方可以在原有道路的质量和由此产生的维护成本水平之间完全由自己进行权衡。

设计风险是财产设计的风险，即使设计得令人满意，也不能完全满足合同的要求。这是由谁决定财产性质问题的一部分。相比之下，建造风险是指谁承担了施工期间成本和时间超限的经济风险以及资产建成后因不良建筑工程引起的保修问题。建造风险一般与施工完成后确定哪一方确认资产无关，因为这种风险通常不影响财产的使用寿命。然而，建造风险可能会引起其他问题。特别是如果购买者在一个项目中承担了建造风险，而该项目中，该财产是运营方的资产，则必须密切关注交易的其他条款，以确定该财产是否真正是运营方的资产，而不是购买者的资产。

4. 经营业绩不佳或不可使用的惩罚

许多私人融资计划合同规定，如果财产因为运营方的过错导致财产低于规定的标准或不可用，应予惩罚（仅与服务有关的处罚不应纳入考虑范围）。这些处罚可以采取现金支付或减少收入的形式。评估惩罚在实际中发生的可能性和付款是否重大是很重要的。例如，在实践中，惩罚可能没有什么影响，因为合同赋予运营方足够的时间来纠正错误，或者只有当该财产完全不可用时才进行惩罚。如在本例中，可能的惩罚不重大或不太可能发生，该财产就是购买者的资产。

相反，惩罚机制可能会造成运营方的与财产相关的利润受到重大潜在变化的影响。例如，如果因为维护，车道关闭超过一定时期，且处罚是重大的并且有合理的可能性发生，那么道路的私人融资计划合同可能包含罚款条款。这时财产是运营方的资产。

5. 相关成本可能发生的变化

在私人融资计划合同下，相关成本可能发生的变化可以不同的方式处理（只有财产成本的变化是相关的；服务成本的变化是不相关的，不应该纳入考虑范围）。合同可能造成的未来任何重大的成本增加都可以转移给买方，这说明财产是购买人的资产。例如，私人融资计划付款会随着具体指标变化而变化，以反映运营方的成本。相反，当运营方的成本既重要又具有高度不确定性，并且没有可以将成本变化转移给买方的条款时，财产是运营方的资产。例如，付款额是固定的，或者随一般通货膨胀指数（如零售价格指数）变化而变化。类似的考虑适用于成本节约以及它们如何在各方之间分担的情况。

6. 陈旧（包括技术变化的影响）

陈旧和技术变化是否相关取决于合同的性质。在引入信息技术系统的合同中，哪一方承担未来与折旧、技术变化相关的成本和收益是非常重要的，在其他情况下（如道路合同）就没有那么重要了。如果过时或技术变化的可能性很大，那么承担费用和相关利益的一方将是确认财产为其资产的一方。

7. 合同结束后的安排和残值风险

残值风险是指合同期末财产的实际残值与预期的不同。与财产的使用寿命相关的私人融资计划合同时间越短，残值风险越大。如果残值风险重大，通常能够反映哪一方应当将财产确认为资产。在一定程度上，残值风险直接受财产的市场经济状况影响，即与财产有关的价格的上涨或下跌。残值风险的价格不能通过合同减少或增加。合同只能影响合同期末与财产状况有关的残值风险。如果残值风险重大，谁来承担风险取决于合同期末的安排。例如，以下情况中，购买方承担残值风险（假设财产是购买方的资产）：合同结束时，购买方将以实质上固定的价格或名义价格购买财产；该财产将以实质上固定的价格或名义价格转让给由买方选择的新的运营方；私人融资计划合同期的支付足够多，运营方不需要依赖不确定的剩余价值作为回报。

如果购买者可以选择购买财产，或者选择将财产留给运营方，则应仔细分析该选择的实际效果。特别是，如果不购买财产是不可能的（或者选择将财产留给运营方），这个选择将不会把残值风险转移给运营方。合同结束时对剩余收益设定的最低付款额的额度取决于合同的其他特征。如果该财产具有较长的可使用经济寿命，那么在没有相反证据的情况下，这种最低付款额将是买方在私人融资计划合同期限内购买该财产的证据。也就是说财产是购买者的资产。相反，运营方在以下情况中需要承担残值风险（假设财产是运营方的资产）：在私人融资计划合同结束时，运营方仍保留财产；该财产将按现行市场价格转让给买方或其他运营方。

8. 相关因素的评价

在判断一方是否拥有财产时，单独考虑某一个因素是不恰当的。相反，在合理可能的范围内，应考虑所有相关因素的组合效应，更加关注那些在实际中极有可能发生的结果。此外，在考虑各方在交易中的立场（包括他们对各种条款的预期和动机）时，权衡所有的证据往往是有用的。例如，对运营方融资的评价可能表明，只有运营方背后有另一方支持时，其债务融资的水平才是可信的。在这种情况下，私人融资计划合同被视为融资安排，从而表明该财产是买方的资产。类似地，一项融资安排表明，如果合同提前终止，则在所有违约条件下，包括运营方违约，银行贷款将被全部付清。

（四）会计处理

购买方确认财产为资产。如果购买方将财产确认为资产，并承担相应的负债，则应在其资产负债表中确认。以财产的公允价值进行初始确认。接下来，资产应在其使用寿命内进行折旧，而负债应随着财产的偿付而减少。另外，应按财产的特定利率在以后的期间确认负债的财务费用。其余的私人融资计划付款（即全额支付减去资本偿还和预计的融资费用的部分）应确认为经营成本。如果购买方有其他与私人融资计划合同相关的负债，应当根据英国财务报告标准第 12 号——准备、或有负债和或有资产进行会计处理。一般情况下，购买方应当在财产达到预计使用状态时确认。例外情况是，当购买者承担重大的建造风险时，应该在建造时确认资产。

购买方不确认资产。如果购买者没有将财产确认为资产，可能存在其他需要确认的资产或负债。可能出现在购买方的出资、取得的剩余价值和其他负债方面。

出资。购买方对私人融资计划合同的出资可以采取多种形式，包括预付款或提供由运营方开发的已有资产。这些出资的会计处理取决于它们是否给购买者带来了未来收益。例如，如果提供已有财产导致服务支付费用降低，则应将财产的账面金额重分类为预付款（流动资产），随后在私人融资计划付款降低的期间作为运营成本收取费用。如果事实上出售了部分资产（如在私人融资计划合同中未使用的剩余土地），应按照相关规定来确认利润。如果出资没有给购买者带来未来收益，则应在出资时收取费用。例如，即使交易不是私人融资计划的一部分，运营商也可以获得资本拨款，或者无偿获得一些使用寿命短的资产。

剩余价值的获得。在某些私人融资计划交易中，所有或部分财产（如土地要素）将在合同结束时转移给购买方。当合同规定该交易应在转让日以市场价值进行时，在转让日之前不需要进行会计处理，因为这是购买方的未来资本支出。合同规定了在合同结束时转让给购买方的财产的金额（包括零），该金额不一定与合同开始时残值的预计公允价值相符。为了确保支付款在合同下的服务成本与获得的剩余价值之间进行合理的分配，任何差异都必须在合同的期限内分摊。在合同结束时，累计余额（无论是正值还是负数）与最终付款额之和，应与原先估计的残值的公允价值相等。例如，如果一个30年合同期末的残值为2000万英镑，但是合同规定转让日购买方应为残值支付3000万英镑，那么在合同期限内贷方应计1000万英镑，每年相应的费用包含在服务费用中。合同结束时，支付3000万英镑，抵消1000万英镑的余额，并获得一个2000万英镑的资产，代表剩余价值。

在合同延续期间，如果预期改变使预期的残值下降（但合同中预定的支付款项没有变化），那么应考虑是否存在减值。最终，一个正向差异可能变为负，这时需要减值准备。例如，如果五年后预期残值下降为0，那么会立刻确认2000万英镑的负债和费用。剩余的1000万英镑在合同存续期内仍然作为应计项目，到合同结束时支付3000万英镑的最终负债。

购买方的其他负债。如果购买方有其他与私人融资计划合同相关的负债，应当根据英国财务报告标准第12号——准备、或有负债和或有资产进行会计处理。

运营方确认资产。如果运营方将财产确认为资产，则应当在资产负债表中确认该资产。该资产按照成本进行初始确认，然后对扣除预计残值的部分在其使用寿命内进行折旧（除非该财产在私人融资计划合同到期时由运营方保留，否则将受私人融资计划合同期限的限制）。假设合同期限内私人融资计划付款的高低会造成差异，如果合同规定了将剩余价值转移给买方应付的金额，应付金额与预期剩余价值的差额的会计处理方法与购买者采用的会计处理方式类似。如果运营方因合同有义务承担负债（如环境清理费用），则应在负债中单独确认。

运营方不确认资产。如果运营方没有实物资产，它可能拥有一笔金融资产，同时是购买者按财产公允价值确认的负债。该资产在一开始确认后，在随后的几年内随着从购买方处收到付款而减少。此外，该金融资产的金融收益应按照该财产特定的利率在随后几年确认。其余的私人融资计划付款（即全部款项减去资本偿还和预计的融资费用）应在经营利润的范围内。

第四节　欧盟 PPP 项目会计处理

2004 年，欧盟颁布了第 95 号国民经济核算体系手册——政府赤字与债务，专门有一章内容介绍了政府与非政府长期合作合同处理，为 PPP 项目财产核算提供了指引。[①] 该指引为 PPP 项目经济风险分析规定了基准，它仅仅要求合作方分析 PPP 项目可观测到的重大风险，并把 PPP 项目合作协议做了区分。按照该指引，政府与非政府长期合作项目合同可分为两种类型：PPP 项目协议与特许服务协议。前者，政府作为项目授予方，无论从政府自身角度还是从第三者角度来说，都是运营方提供服务的主要购买者；后者，仅仅是指第三方是运营方提供服务的主要购买者。PPP 项

---

① 2004, Eurostat published an additional chapter to its ESA95 Manual on Government Deficit and Debt, entitled Long term contracts between government units and nongovernment partners (Public-private-partnerships).

目协议处理基本原则是，只要有证据表明运营方承担了 PPP 项目主要经济风险且满足以下两个条件，那么运营方就应把 PPP 项目相关财产确认为一项资产：（1）运营方承担了建造风险；（2）运营方至少承担了项目可用性或者需求一项以上风险。

建造风险与财产期初状态相关，包括财产移交、不符合具体标准、增加大量成本、技术缺陷、外部负效应等，这些风险产生需要给第三方予以补贴。可用性风险与资产经营期间相关，包括运营方需要承担的无效管理责任、服务水平低于合约标准责任或者服务不符合规定的责任。需求风险，与需求变化性相关，与经营业绩无关。也就是说，需求发生了转向，与运营方提供服务无关。例如，经济周期、新兴市场出现、消费倾向变化、技术陈旧等原因，导致需求改变。运营方通常可以采取一些措施来规避风险，例如，可以通过总价合同形式把制造风险转移给发包人。实际上，运营方仅仅把可用性风险与需求风险确认为一项资产。但是，欧盟颁布的第 95 号国民经济核算体系手册指出，在确定项目总风险是否转移时与 PPP 项目合同到期日授予人是否最终享有财产剩余权益直接相关。授予人是否直接进行项目融资或预付项目款，也直接影响到建造风险转移程度。

虽然欧盟颁布的第 95 号国民经济核算体系手册没有直接指引，运营方通常也把 PPP 项目服务协议确认为一项资产。

第三章
运营方PPP项目会计处理比较分析

第一节　控制法与风险报酬法的选择

从以上国际上 PPP 项目处理比较结果可以发现，PPP 项目会计处理在不同的会计准则体系下会产生极其不同的报告结果。例如，在国际财务报告准则解释第 12 号——特许服务协议下，运营方不确认 PPP 项目任何基础设施财产，但在英国会计准则中运营方可以确认也可以不确认私人融资计划协议下资本财产，甚至授予方也可以不确认这些财产。即使在欧盟与英国 PPP 协议中，虽然他们都强调经济风险分析，以此来确定何方应确认特许服务协议财产，但是他们的分析方法也存在不少差异，财务报告结果也就不一样。国际上 PPP 会计处理方法可以把它们概括成两种基本方法：控制法与风险报酬法。这两种概念并非完全相互独立，每种 PPP 会计处理方法总是强调其中之一作为判断标准。它们都指向资产定义"资产是指企业过去的交易或者事项形成的、由企业拥有或者控制的、预期会给企业带来经济利益的资源"。[①] 控制法指向企业控制资源方面，风险报酬法指向预期会给企业带来经济利益方面。当主体会收到与资产相关的报酬时，经济利益就会流

---

① 《中华人民共和国财政部令（2015）第 76 号——企业会计准则——基本准则》。

入主体。根据资产定义，在运营方或授予方控制 PPP 协议并能收到未来经济利益时就应把相关协议财产确认为一项资产。因此，从资产语境来看，在确定是否应把 PPP 协议财产确认为资产时，是采用控制法还是风险报酬法，通常并非完全独立，而是在考虑一种方法基础上需要结合另一种方法来判断。

从 PPP 项目两种会计处理方法产生背景来看，深受公司法律制度与国民经济核算体系影响。会计职业界与计量经济学家也起到了很大作用。英国会计准则制定机构（the Accounting Standards Board，ASB）和国家统计局使用欧盟规则与指引来确定 PPP 项目资产在财务报表上判断原则。英国政府宣布从 1999 年开始实施国际财务报告准则（IFRS），PPP 项目会计处理也就自然地从风险报酬法转向了控制法。无论是控制法还是风险报酬法，需要解决以下三个问题：第一，哪种方法会导致会计主体利用财务报表进行决策非一致性？第二，从风险报酬法变为控制法如何影响财务报表？第三，PPP 会计处理在统计报表上与在财务报表上有多大差异？

从英国与欧盟 PPP 会计处理规范来看，风险报酬法一个明显缺点是主观与武断，因为风险与报酬评估公式很不一致；第二个问题，要全面评价尚有困难，因为英国从风险报酬法改为控制法之后，PPP 项目在发展，会计处理也在完善之中，并且财务报表的某些变化是风险报酬本身技术方法产生而不是与控制法差异产生的。尽管如此，一些初步结论还是可以得出的。第三个问题，由于控制法与风险报酬法的概念和应用方法不同，它们会在报表上反映出现差异是不会有什么异议的。

从租赁会计来看，风险报酬法首先在美国使用。早在 1949 年，美国会计程序委员会（CAP）要求承租人披露租赁付款时间、金额与其他条款。美国会计原则委员会（APB）发表评论，也持相同观点。后来，美国财务会计准则委员会放弃了单独披露观点，在 1976 年发表了第 13 号租赁公认会计原则，规范了不同租赁类型会计处理方法。这是世界上第一个利用风险报酬法作为会计处理原则的会计规范。该标准指出，实质上转移风险报酬的租赁，承租人应作为购买资产处理，出租人应作为销售或融资处理。国际会计准则委员会（IASC）和英国会计标准委员会（ASC）完全吸收这一方法，于 1982 年颁布国际会计准则第 17 号——租赁会计，1984 年颁布了英国标准实务惯例第 21 号——租赁和租购合同会计。在英国标准实务惯例第 21 号——租赁和租购合同会计中，为了强调融资租赁与经营租赁区分，把融资租赁定义为承租人非形式上而是实质上拥有与资产所有权相关的所有风险与报酬的租赁。风险报酬法的合理性在于会计应反映实质而不是交易形式。准则制定者认为，风险报酬法本质上是获得或销售资产，因此按此原则来核算是合理的。控制概念不是租赁标准的基础。虽然如此，要不是租赁标准先于概念框架之前公布，用控制标准来判断一项租赁是否属于尚未发生的销售也是可能的。例如，在1999 年英国会计准则制定机构会计原则说明书就把资产定义为由于过去交易或事项结果由主体控制的权利或者其他一些经济利益。

控制这一概念在财务会计中一直与合并财务报表联系最紧密。这些年来，在财务会计中关于哪个会计主体、哪个投资者、哪个公司应纳入合并报表发生了很大变化。在早期的美国会计准则中，100% 控股是纳入合并报表的必要条件。后来分别发展为实质上拥有概念即至少占有被投资方 75% 以上，拥有多数股权概念即占51% 以上，最后发展成为有控股权益的控股公司概念。现在的合并财务报表中的控制概念已经不再是所有者关系了。所有者关系仅仅是控制存在的一种分析因素。控制应由哪些内容构成在国际会计准则理事会研究会计课题中始终悬而未决。在 2008 年国际会计准则理事会合并财务报表征求意见稿中就指出，本项目主要目标就是如何完善控制定义。控制概念难点在于如何使其成为可操作性的指南。在 2011 年国际会计准则理事会公布的国际财务报告准则第 10 号——合并财务报表准则中，为让控制这一概念成为判断标准的可行性，国际会计准则理事会对控制概念作了创新性发展，控制三要素概念由此产生。

控制与风险报酬之间关系非常复杂。从理论上说，风险报酬分配过程就是控制过程。可以这样来理解，控制就是风险报酬指针。控制风险就等于控制了收益。控制管理经营就是风险与报酬的博弈均衡。只要存在高风险的地方就需要控制，但控制是否能够取得预期的效果，往往不容易确定。例如，有一个 5 层的控股公司，每层的控股比例是 51%，在第 5 层，控股公司把其控股的子公司纳入合并，可是整个集团公司承受的风险才 3.5%。风险报酬法的一个关键点是量化诉求，既显示出了该方法的吸引力，也消融了它的使用。如果一个确定的经济体可以量化分析，那么数量指标确实非常有用。同样，只要经济实在的表象能够非常容易地重构，那么量化指标确实是判断会计处理合理性的一种非常重要的工具。有学者曾指出，控制如果不与时俱进，就会自我消亡。风险报酬法确定存在着这样的特征。例如，在英国标准实务惯例第 21 号——租赁和租购合同会计租赁会计中，90% 规则是可操纵性的，PPP 项目报表反映也同样如此。正是这样，美国财务会计准则委员会与国际会计准则理事会才一起合作研究租赁会计准则，放弃了以风险报酬法作为判断是融资租赁还是经营租赁标准，创新了一种核算租赁会计新方法。

从国际财务报告准则解释第 12 号——特许服务协议来看，是否符合控制原则，确定是否把 PPP 协议财产确认为资产的一种根本方法。国际财务报告准则解释第 12 号——特许服务协议强调授予方对经营财产的控制，运营方必须提供相关服务，第三方收到了这些服务并按规定价格付费，在特许协议服务结束时授予方控制服务财产的重大剩余权益，这些都是控制表现。美国 PPP 项目政府会计准则第 60 号——特许服务协议授予方会计、2014 年以及 2017 年美国财务会计准则的规范，都强调了控制原则是确认 PPP 协议财产为资产的根本原则。既然在服务协议结束时控制了该项财产，那么就应在财务报告中报告这些资产。

一个需要回答的问题是为财务报告目的如何判断控制财产。国际财务报告准则解释第 12 号——特许服务协议在讨论控制原则时引用了国际财务报告准则解释第 4 号——租赁①的控制说明。国际财务报告准则解释第 4 号——租赁指出，控制使用资产的权利是指满足以下任何一种条件的安排：（1）当购买方（承租人）获得或控制大于资产产出非常微小的金额或者资产其他效用时，他就有能力或有权利运营该项资产或以某种确定方式指导该项资产的运营；（2）当购买方获得或控制大于资产产出非常微小的金额或者资产其他效用时，他就有能力或有权利控制接触购买资产；（3）一些事实与情况表明，除了购买方外任何一方都不可能花费超过在协议期结束时该项资产产出的及其微小金额或者该项产生或生产的其他效用，购买方支付的价格既不是合同的固定价也不是交付资产时该项资产产出的市场价。国际财务报告准则解释第 12 号——特许服务协议指出，满足以上标准的特许服务协议，运营方不会控制协议财产的使用。这意味着授予人不会控制从编制财务报告为目的而使用的财产。结果，要是不控制财产的使用，运营方就不能够把其确认为一项资产。如确认，就不符合国际会计准则理事会概念框架资产的定义。尽管国际财务报告准则解释第 12 号——特许服务协议规定了一些不符合确认资产条件的情况，可是现实中仍然还存在着运营方一些控制资产使用其他方法。运营方有能力管理协议财产使用方式。例如，道路 PPP 协

---

① IFRIC 4—Determining Whether an Arrangement Contains a Lease.

议规定了一些运营方必须维护道路实际状态条款，可是在合同中又无法规定得那么具体，这就给运营方自主决策留了空间。在这种情况下，确认为哪一方道路财产，就需要评估参与方相对地位，判断谁对财产有最终控制权。一般来说，以国际财务报告准则解释第 12 号——特许服务协议规定标准来判断应由哪一方把特许服务协议财产确认为资产几乎不会有什么问题。概括国际财务报告准则解释第 12 号——特许服务协议的控制判断标准，主要有两个方面：第一，在协议整个存续期内，授予人总有权利要求运营方利用协议财产持续提供公共服务；第二，运营方出售或者抵押协议财产能力受到严格限制。尽管运营方能够控制公共服务的某些方面，但是协议财产的总体使用仍然是要符合授予人在协议里所确定的目标。此外，授予人控制协议服务财产的关键方面，运营方代表授予人经营协议财产，授予人对财产拥有最终控制权。

从统计学角度来处理 PPP 项目资产不同于会计。例如，欧盟的国民经济核算体系关于 PPP 资产处理，完全服务于欧盟经济稳定与发展需要，深受成员方财政控制。虽然在欧盟国民经济核算体系中分了政府支出与政府承诺，但在财务报表上却没有反映。这样的处理方法显然很不合理。欧盟统计局调查了 PPP 项目资产处理方法，得出一个基本结论：PPP 项目核算要遵循可行性与资源可用性，主要从政府角度来判断 PPP 项目资产会计处理合理性。在欧盟国民经济核算体系中，PPP 项目资产处理是比较主观的。即使在英国，PPP 项目资产与负债确认在财务报告中与在国民经济核算体系中也很不相同。但是有一点是相同的，即英国 PPP 处理与欧盟都采用了风险报酬法，在企业财务报表与国家统计账户中起到了缓冲与平衡作用。与国际财务报告准则解释第 12 号——特许服务协议控制法相比，形成鲜明的镜像关系。虽然都是风险报酬法，但是欧盟 PPP 处理更容易形成表外资产。资产建设风险、可用性风险与需求风险都必须由社会资本来承担，这是欧盟 PPP 处理的一个特点。在欧盟 PPP 项目处理中，关键问题在于对一个项目资产，既可以作为政府资产也可以作为社会资本资产，视政府债务与赤字情况而定。其结果是在国民账户中，社会资本资产可以看作非政府资产。假定 PPP 项目风险主要由社会资本承担，政府方看似规避了基础设施建设风险，其实存在潜在的财政风险。英国 PPP 项目的建设风险由社会资本承担，但可用性不高，需求弹性非常弱。国民账户体系很少讨论 PPP 处理。欧盟观点是推广使用国际财务报告准则解释第 12 号——特许服务协议会与目前欧盟规则不相一致。一个直接结果是每个公共部门需要向统计局报告 PPP 项目是否在表外反映，事实是否这样反映，很难证实。

第二节　特许经营权和租赁如何区分

该问题涉及特许经营协议的范围、辨认、计量和列报，该协议中涉及的基础设施是租用的。在这种情况下，特许经营权协议处理可能存在着一些潜在问题。①

有些专家提出了以下与特许经营权和租约有关的条件：在整体的安排中涉及三个主体：让渡人、运营方和租赁公司。租赁公司可能是让渡人的子公司，让渡人和租赁公司受同一政府机构控制；也可能与让渡人没有关联方关系。

涉及特许经营权的条件。让渡人决定运营方提供服务的所有主要方面（如类型、价格、工作频率、质量水平等）。运营方有权因提供运输服务而向让渡人收费。此项费用包含运营方包括租赁安排在内支付的费用，该费用属于特许经营权的一个组成部分。该安排

---

① http：//archive. ifrs. org, Board discussins and Papers, IFRIC 12 Service Concession Arrangements with leased infrastructure, 2015 – 2016.

不包括协议中使用的任何轨道或其他设备的建造或升级服务。

和租约有关的条件。对运营方来说，租赁资产没有剩余权益，租赁没有使所有权上主要的风险和报酬发生转移，而且租赁期不占该资产寿命的绝大部分。

属于下列情况之一时，租赁安排与让渡人相关：租赁公司是让渡人的子公司，且两者受同一政府机构控制（第一种情况）；租赁公司与让渡人无关联方关系，但是在租赁期结束时，让渡人为租赁期之外的租金和剩余权益提供担保。特许经营权到期后，让渡人可以选择由自己或下一位运营方继续租赁该基础设施（铁路车辆）租赁（第二种情况）。

为便于讨论，分别对符合第一种情况和第二种情况的情况称之为"一类安排""二类安排"。

专家提出了三个与"一类安排""二类安排"相关的问题，包括：（1）范围——该安排是否属于国际财务报告准则解释第 12 号——特许服务协议核算的范围；（2）确认——在租赁安排中，运营方是否确认资产和负债；（3）列报和计量——已确认的资产和负债按总额列示还是净额列示，以及已确认的资产负债如何计量。

一、范围讨论

关于范围。第一个问题在于"一类安排"和"二类安排"是否符合国际财务报告准则第 12 号的核算范围。提交者提出了两种观点。

第一种观点：属于国际财务报告准则解释第 12 号——特许服务协议的核算范围

支持这种观点的人认为国际财务报告准则解释第 12 号——特许服务协议对"一类安排"二类安排皆适用，理由是：（1）租赁的铁路车辆是基础设施；（2）让渡人规定了运营方随基础设施提供的服务、提供服务的对象以及价格；（3）特许经营期结束时，基础设施的主要收益属于让渡人。

支持这种观点的人认为相关条件对"一类安排""二类安排"都适用，因为：（1）在"一类安排"中，让渡人通过控制租赁公司获得资产剩余权益；（2）在"二类安排"中，让渡人通过租赁合同在协议结束时获得剩余权益。

这类观点的支持者认为，无论协议中是否需要建造或服务升级，IFRIC 12 都适用。

第二种观点：不属于国际财务报告准则解释第 12 号——特许服务协议的核算范围

持这类观点的人认为国际财务报告准则解释第 12 号——特许服务协议只适用于包括基础设施的建造和服务升级的特许经营权安排。因为国际财务报告准则解释第 12 号——特许服务协议重点强调，运营方在某段特定时期内建造或维修用来提供公共服务的基础设施，并且进行经营和维护。他们还指出，国际财务报告准则解释第 12 号——特许服务协议没有对运营服务提出具体的会计要求，而是让会计主体按国际财务报告准则 15 号——来自客户合同的收入对服务进行会计处理。因此，该观点的支持者认为，由于运营方只进行运营而不进行建造和服务升级，所以该安排不属于国际财务报告准则解释第 12 号——特许服务协议的核算范围，应该根据国际会计准则第 17 号——租赁准则对租赁合同进行处理。

二、确认讨论

第二个问题是在特许经营权约定期开始时，运营方是否需要确认因租赁基础设施产生的负债和相应资产。

第一种观点：在特许经营权开始确认时，确认因租赁基础设施产生负债和相应资产。

该观点的支持者认为租赁费用是特许经营权的组成部分，并且是运营方有权因公共服务收费的前提。因此，支持者认为应该确认因租赁产生的金融负债和相应的特许经营权资产。就此而言，支付给租赁公司的最低租赁付款额的现值作为确定资产成本的基础。

第二种观点：认定租赁款事实上还未发生，因此在特许经营权开始时不应确认资产和负债。

此观点支持者认为运营方事实上还未支付租赁款，因此，运营方在特许经营权协议刚开始时不确认与租赁安排相关的负债。而在特许经营权协议整个期间，租赁款实际发生时，运营方再确认租赁费用。

三、列报与计量讨论

第三个问题涉及运营方是否作为租赁安排中的代理人，如果是，那么是否影响已确认资产、负债的列报和计量。有些人认为运营方是租赁安排中的代理人，因此任何与租赁款项相关的金融资产与金融负债都不应确认。因为在"一类安排"中，法律主体出租人和让渡人被同一政府机构控制，让渡人和运营方之间的租赁款事实上是没有经济实质的现金流交换；在"二类安排"中，授予人为租赁款和剩余权益向租赁公司提供担保，并在第一个租赁期结束后控制租赁安排协议。支持者认为，从经济实质上看，让渡人才是租赁安排的承租方。

四、各种观点评述

（一）关于范围评述

在确定协议安排是否符合国际财务报告准则解释第 12 号——

特许服务协议的核算范围时，要求考虑两个重要因素：（1）让渡人对随基础设施提供服务的控制，以及对基础设施剩余权益的控制程度；（2）租赁安排中使用的基础设施。

国际财务报告准则解释第 12 号——特许服务协议规定了让渡人必须享有对租赁安排的控制权，该解释适用于符合下列条件的公办民营特许经营权服务：让渡人可以控制或管制运营方以基础设施提供的服务、对象和价格；让渡人通过所有权、利益授权或其他方式获得特许经营权服务期结束后基础设施的任何重大剩余权益。

国际财务报告准则解释第 12 号——特许服务协议适用的情形：（1）运营方基于特许经营权服务协议目的建造或从第三方获取基础设施；（2）以特许经营权安排为目的，让渡人交付运营方既有基础设施。因此，在评估某项安排是否符合国际财务报告准则解释第 12 号——特许服务协议的核算范围时，企业应该分析该安排是否符合国际财务报告准则解释第 12 号——特许服务协议的条件，以及是否为国际财务报告准则解释第 12 号——特许服务协议中说明的基础设施。

国际财务报告准则解释第 12 号——特许服务协议的控制条件。控制条件规定，让渡人必须说明：（1）运营方提供的随基础设施附带的服务；（2）运营方提供服务的对象；（3）运营方提供服务的价格。因此，企业必须评估讨论中的特许经营安排是否符合这些条件。我们知道评估需要判断，因此企业应考虑所有的事实和情况。在考虑协议是否符合规定条件时，企业还应同时考虑协议的合同条款和适用的相关规定。除此之外，在评估时，如果让渡人有关联方的话，还应考虑关联方。国际财务报告准则解释第 12 号——特许服务协议提到，应同时考虑让渡人和关联方。如果让渡人是国营企业，就本解释目的而言，所有国营企业及代表公共利益的任何主管机关，都应视为让渡人关联方。

关于价格条件，企业应考虑的因素包括：（1）让渡人完全控制价格；（2）价格由让渡人、合同或监管者规定。国际财务报告准则解释第12号——特许服务协议为价格规定提供了指导：就条件（1）的目的而言，让渡人无须完全控制价格，价格可由让渡人、合同或监管者共同管制，例如价格上限机制。然而，此条件适用于协议的实质。非实质特征，例如价格上限在极少数情况下发生，则应忽略。反之，如果合同赋予运营方自由定价的权利，但是任何额外利润均需返还让渡人，则运营方的收益是被限定的，符合控制测试的价格要素。

解释委员会也指出过去对于价格条件，租赁安排要求让渡人做的任何复查或批准往往足以满足要求，认为这些是敷衍或可以无视例行公事的想法是不妥的。在考虑所有事实和情况之后，如果企业认为让渡人完全符合规定的条款，则应该考虑让渡人是否也控制基础设施的主要剩余权益。如果企业认为仅由让渡人控制使用基础设施服务类型的条件，那么无论租赁公司是否与让渡人有关联方关系，在评估条件时都无关。这是因为控制了使用基础设施提供服务类型条件的是让渡人，而不是租赁公司。

为了使特许权安排属于国际财务报告准则解释第12号——特许服务协议的核算范围，让渡人必须在协议结束时享有基础设施的主要剩余价值。在评估时，企业需要考虑国际财务报告准则解释第12号——特许服务协议的指导，让渡人控制主要剩余权益的目的在于既要限制运营方出售或抵押基础资产的实际能力，也给予让渡人在协议期结束后继续使用的权利。企业在评估国际财务报告准则解释第12号——特许服务协议的条件时应考虑的因素包括：（1）在特许经营权结束后，基础设施是否归还让渡人；（2）相对基础设施使用寿命而言，特许经营权持续的时间，包括基础设施全部寿命是否都包含在特许经营权协议期；（3）在特许经营权协议结束时，让渡人是否有获得基础设施的选择权。企业要考虑这些因素是否意味着运营方没有售卖或抵押基础设施的能力，以及让渡人在整个协议期是否有持续使用的权利。

在"一类安排"中，租赁公司是让渡人的子公司，且两者受同一政府机构控制。在"二类安排"中，租赁公司与让渡人无关联方关系。

这一不同点对于评估有所影响。在"一类安排"中，由于让渡人和租赁公司受同一政府机构控制，在评估时应将两者一同考虑。就这一点而言，如果基础设施归还租赁公司，由于基础设施最终将归还给让渡人（通过租赁公司），那么企业可以认为在"一类安排"中，让渡人在协议期结束后享有基础设施的主要剩余权益。

从另一方面看，在"二类安排"中，租赁公司与让渡人无关联方关系，企业必须考虑其他因素，以评估运营方在特许经营权协议期间是否无权售卖或抵押基础设施。在"二类安排"中，让渡人有继续使用基础设施的选择权，既可以自己使用，也可以通过新的特许经营权协议转给下一个运营方。鉴于该选择权的存在，企业应该考虑该选择权是否有效阻止运营方售卖或抵押基础设施，以及该选择权是否给予让渡人在整个协议期持续使用的权利。如果让渡人的选择权足以阻止运营方售卖或抵押基础设施，企业将认定附有该选择权的协议满足国际财务报告准则解释第 12 号——特许服务协议的条件要求。基于此分析，企业应考虑与特许经营权协议有关的所有事实和情况，并判定他们是否意味着运营方在协议约定期间无法售卖或抵押基础设施。

除了国际财务报告准则解释第 12 号——特许服务协议的控制条件，企业还应考虑特许经营权安排的基础设施是否符合国际财务报告准则解释第 12 号——特许服务协议的相关标准。该准则提出的标准适用于以下类型基础设施：（1）运营方基于特许经营权服务协议目的建造或从第三方获取基础设施；（2）以特许经营权安排为目的，让渡人交付运营方既有基础设施。因此，企业需要考虑特许经营权安排的基础设施是否符合上述条件。对于上述（2）中基础设施类型，企业既有基础设施不会影响让渡人获得新的基础设施，也不会影响让渡人缔结新的特许经营权协议，以及向运营方授权。原因是按照国际财务报告准则解释第12号——特许服务协议的要求，如果让渡人将已拥有的基础设施或因特许经营权取得的基础设施交付运营方，从运营方的角度来看，在经济上没有差别。上述（2）条件仅仅强调了安排协议中的基础设施不必是运营方代表让渡人建造或获取的。正如国际财务报告准则解释第12号——特许服务协议对控制的判断中一样，租赁公司与让渡人是否存在关联方关系，对判断有所影响。如果因为让渡人和租赁公司被同一政府机构控制所以需一同考虑（如"一类安排"），那么安排协议中的基础设施符合国际财务报告准则解释第12号——特许服务协议的条件。原因是在这种情况下，让渡人将原已拥有的基础设施交付运营方（如租赁公司拥有所有权）。而在"二类安排"中，由于租赁公司与让渡人没有关联方关系，企业可认为"二类安排"不符合上述条件。在"二类安排"中，让渡人不作为租赁协议中基础设施的取得人。原因是让渡人既不拥有也未取得基础设施，无法交付运营方。因此在此种情况下，企业需考虑"二类安排"中的基础设施是否符合国际财务报告准则解释第12号——特许服务协议的条件。

若基础设施不符合国际财务报告准则解释第12号——特许服务协议的条件，且没有任何建造或升级服务，企业需考虑运营方是否出于特许经营权的目的而获取基础设施。虽然国际财务报告准则解释第12号——特许服务协议使用了"获取"一词，但不仅限于对基础设施的购买。在下列方式中，从第三方通过租赁协议获得基础设施与特许经营权协议有相同的经济实质：（1）运营方预付投资款（承诺向供应方或出租人支付大笔报酬）；（2）运营方无论通过购买还是租赁，能获得单独使用资产的权利。也就是说，运营方购买或租赁基础设施都是特许经营权协议的组成部分。

因此，只要租赁协议是特许经营权安排的完整组成部分，且是为了特许经营权协议制定的，那么即使"二类安排"中的基础设施不符合国际财务报告准则解释第 12 号——特许服务协议的条件，但仍可满足其他条件。

没有建造和升级服务的基础设施。认为"一类安排""二类安排"不在国际财务报告准则解释第 12 号——特许服务协议的核算范围的观点的主要论据是在特许经营权安排中的基础设施不包含建造和升级服务。国际财务报告准则解释第 12 号——特许服务协议的相关陈述导致了这一点模糊不清：根据解释范围内的合约协议条款，运营方作为服务提供者。运营方建造或升级用于提供公共服务的基础设施（建造或升级服务），并在约定期间经营和维护该基础设施。

然而，国际财务报告准则解释第 12 号——特许服务协议是包含不需建造和升级服务的基础设施在内的特许经营权安排的。因为国际财务报告准则解释第 12 号——特许服务协议指定的基础设施是让渡人向运营方交付了原已存在的基础设施。如果让渡人交付给运营方的是已存在的基础设施，那就意味着运营方不需建造或升级服务。因此，只要安排协议符合其他范围要求，国际财务报告准则解释第 12 号——特许服务协议也适用于没有建造或升级服务的安排协议。

基于以上分析，我们认为企业在判断特许经营权是否符合国际财务报告准则解释第 12 号——特许服务协议的控制条件和基础设施有关的条件时，应考虑所有事实和情况。只要满足范围要求，基础设施的建造和升级服务不是属于国际财务报告准则解释第 12 号——特许服务协议核算范围的必须要求。

（二）关于确认评述

正如前述部分的分析，我们认为通过对既定事实和情况的具体分析，"一类安排""二类安排"都属于国际财务报告准则解释第 12 号——特许服务协议的核算范围。因此，接下来我们将分析在"一类安排"与"二类安排"中，运营方是否会在特许经营权约定期开始时确认资产和负债。在"一类安排"中，运营方支付给租赁公司的租赁款是运营方支付给让渡人款项的一部分，因为"一类安排"中让渡人和租赁公司受同一政府机构控制。

下列分析仅考虑"二类安排"的情况。判断运营方在协议约定期开始时是否确认相应资产负债时，最重要的是考虑合同是否在执行中。如果合同在执行中，基本上不确认资产和负债。在判断时，企业不应考虑国际会计准则第 17 号的要求，因为一旦安排协议符合国际财务报告准则解释第 12 号——特许服务协议核算范围，运营方就不产生租赁行为。在国际财务报告准则解释第 12 号——特许服务协议范围内的特许经营权安排下，运营方无法控制使用基础设施的权利，但是可以使用让渡人控制的基础设施。在判断合同是否处于执行中时，可以考虑的因素包括：（1）租赁公司是否已经承担责任，使用于提供公共服务的基础设施达到可用状态；（2）运营方是否承担特许经营安排的部分责任，例如为获得金融资产或无形资产，获取并向让渡人转移基础设施的使用权。如果合同未执行，运营方需要确认未来支付给租赁公司的负债，以未来付款额的现值计量。运营方不会确认租赁资产，因为控制基础设施的是让渡人而非运营方。运营方确认的资产类型取决于运营方和让渡人之间的合同条款。根据国际财务报告准则解释第 12 号——特许服务协议，运营方确认为：（1）金融资产，运营方具有无条件向让渡人或按让渡人指示收取现金或其他金融资产的权利；（2）无形资产，运营方获得向公共服务使用者收费的权利（许可权）；（3）金融资产和无形资产，运营方获得部分金融资产和部分无形资产作为补偿。

国际财务报告准则解释第 12 号——特许服务协议解释了运营方具有无条件收取现金权利的情况：如果让渡人在合约中保证给予运营方下列金额，运营方具有无条件收取现金的权利：（1）特定或确定的金额；（2）运营方向公共服务使用者收取的费用和特定金额的差（在运营方向公共服务使用者收取的费用少于特定金额情况下），即付款额取决于运营方能否确保基础设施满足约定的质量和效率要求。这些要求是在考虑建造服务的情况下提出的，但我们认为也同样适用于没有建造和升级服务的安排。因为在特许经营权协议开始时，即使运营方没有发生产生收益的活动（如建造或升级服务），如果符合国际财务报告准则解释第 12 号——特许服务协议的核算范围，那么就可以满足这些要求。因此，我们认为"二类安排"中的运营方应该根据让渡人给予报酬的性质确认金融资产、无形资产或两者皆确认。在"二类安排"中，运营方有权因提供运输服务向让渡人收费，该费用包括运营方发生的成本，租赁安排发生的成本也包括在内。然而该安排能否赋予运营方强制性收取回报的权利还不清楚。这些权利包括：（1）从让渡人处获得的固定或可确定的金额；（2）由使用公共服务决定的从让渡人处获得的可变金额；（3）固定或可确定的金额，以及超过该限额之外可变的金额。特许经营权协议的条款可能十分复杂，企业需理解合同条款的实质才能对确认资产的类型做出合适的判断。

基于以上分析，我们认为企业应首先考虑在经营特许权期初，是否有部分协议尚未生效。如果协议未执行，企业需根据让渡人给予运营方报酬的性质确认负债和相应资产。

（三）列报和计量评述

意见书中第三个问题是运营方的角色定位，以及该结论是否影响已确认资产负债的列报计量。正如第二个问题分析一样，下列分析仅考虑二类安排。在判断运营方在租赁协议中是否作为中介时，企业应考虑所有事实和情况。在做判断时，应考虑的因素包括：（1）由租赁协议产生的利益受谁控制；（2）运营方是否认为与回报相关的风险由租赁公司承担。

下列因素可以反映运营方在租赁协议中作为代理人的指标：（1）运营方没有控制基础设施的使用权，他仅能因提供特许经营服务而使用基础设施；（2）在国际财务报告准则解释第12号——特许服务协议范围内的特许经营权安排中，控制基础设施使用权的是让渡人。无论运营方是否提供服务且产生收益，如果运营方有义务向租赁公司支付报酬，那么意味着：（1）运营方认为租赁公司承担了风险；（2）因此运营方的角色是授予人。

我们认为，即使企业认定运营方是租赁安排中的代理人，如果租赁安排尚未执行，运营方也需要确认负债和相关资产，因为他承担了未来向租赁公司支付款项的义务。代理人的身份既不能免除运营方未来向租赁公司支付款项的合同义务，也不能解除他从让渡人或无形资产中获取现金的合同权利。如果运营方收到的资产是金融资产，我们认为企业应考虑三方之间是否签订协议或意图以净额进行结算。判断应根据国际会计准则第32号——金融工具——列报进行，该准则要求：（1）租赁安排涉及主体（让渡人、运营方和租赁公司）拥有抵消已确认金额的合法权利；（2）他们可以选择以净额结算，或同时分别结算资产和负债。我们认为二类安排不符合前段条件。因为抵消的安排与特许经营权安排有所矛盾，运营方与租赁公司独立签订租赁协议。因此，即使合同尚未执行，运营方拥有从让渡人处收取现金的金融资产，承担未来支付租赁款的负债，该资产和负债需按照总额列示。因此，只要运营方有未来向租赁公司支付款项的合同义务，以及从让渡人或无形资产中获取现金的合同权利，他就可以分别核算资产与负债。运营方不需按净额反映。

　　基于以上分析，我们认为在判断运营方在租赁协议中是否作为代理人时，企业应考虑所有事实和情况。另外，即使认定运营方是代理人，还应考虑只要运营方有未来向租赁公司支付款项的合同义务，以及从让渡人或无形资产中获取现金的合同权利，他就可以分别核算资产与负债，并按总额列示。

第三节　特许经营服务合同报酬处理评述

一、特许经营服务合同报酬处理观点

　　国际财务报告准则解释委员会收到了一份建议，要求阐明在国际财务报告准则解释委员会第 12 号——特许经营权安排的范围内，运营方对一项特许服务经营权安排中对授予者要求的合同报酬如何进行会计处理。[①]

　　德勤会计师事务所有限公司认为，关于运营方向授予方支付的固定合同付款，同意国际财务报告准则解释委员会的决定，不将该项目添加到其议程上，而同意包括在暂定议程决定中的分析。然而，作为一个细节，建议应该对"与基础设施独立的有形资产"这一术语进行附加解释。将基础设施建成的土地作为授予者租赁给运营方的主体，这并不罕见，但认为在这些情况下（或资产是建设基础设施组成部分的其他情况），将其作为独立于特许服务经营权安排进行会计处理是不合适的，因为通常情况下，土地在特

---

　　① http：//archive. ifrs. org, Board discussins and Papers, IFRIC 12 Payments by an operator to a grantor in a service concession arrangement, 2015 – 2016.

许经营权协议中并不独立于基础设施运作。他们还注意到，在使用无形资产方面也可能会出现这种付款。

关于运营方向授予方应付的可变付款，与对委员会包括在"国际财务报告准则解释委员会修订"中关于资产购买的可变付款的暂定议案的决议，以及国际会计准则委员会对其 2015 年议程咨询（高度优先解决关于可变报酬的问题）征求意见的回应相一致，认为这个问题应该转交给国际会计准则委员会进行综合考虑。我们预期特许服务权安排的上下文中提到的可变付款是他们考虑的一部分，因为这些安排在特许服务权的建设或运营阶段，经常涉及各种因素的付款。建议解决不依赖于买方（运营方）未来活动的（如取决于指数或利率）可变付款的处理。

普华永道国际有限公司认为，不同意委员会的结论，即在适用国际财务报告准则解释委员会第 12 号的无形资产模式时，不应当对运营方在特许服务经营权安排中做出的可变付款进行会计处理。同意解释委员会的一些成员的声明，即特许经营权安排与其他安排不同，因为运营方通常具有提供服务的合同义务。因此，认为无须解决购买资产的可变付款的更广泛问题，也可以制定解决方案来解决运营方向授予者做出的可变付款的会计处理问题。他们注意到，解释委员会不能就在相关活动发生前，依赖买方未来活动的其他资产的可变付款是否应该确认为一项负债达成一致意见。也明白委员会无法就更广泛的问题达成共识的主要原因是买方在某些情况下可以通过不进行活动来避免支付可变付款。但是，这不适用于特许经营权安排，因为运营方有合同义务履行服务，因此无法避免付款。

他们建议委员会重新考虑这个问题，因为运营方不能避免付款。委员会应考虑对确认和计量任何负债的影响以及对计量变化。国际财务报告准则中有与这些问题相关的指导，建议委员会侧重于国际会计准则 16 号——财产、工厂和设备—成本的定义和确认标准；国际会计准则第 38 号——无形资产—成本定义和确认标准；国际会计准则第 32 号金融工具——介绍、定义和解释规定；国际财务报告准则委员会 1 号——停运、恢复和类似负债的变更；国际会计准则第 39 号——金融工具——对付款估算修订。

他们对议程决定有两个进一步的意见。他们同意给予运营方与特许经营权安排分开的商品或服务的权利，或与基础设施分开使用有形资产权利的合同付款应按照相关标准进行核算。但是，建议委员会阐明可以采用哪些指导方针来确定使用商品或服务的权利或者使用有形资产的权利是否与特许经营权安排分开。也同意应该按照国际财务报告准则第 15 号——来自客户收入对金融资产模型中向授予方支付款项进行会计处理。然而，建议委员会阐明，这种付款将会减少收入，因为已经确定运营方没有收到任何不同的商品或服务。

德国会计准则委员会普遍支持国际财务报告准则解释委员会的暂定议程决定，即解释说明在运营方运营与合同支付有关的授予人特许经营权协议下，向授予人支付款项的会计处理。同意拟议的措辞以及会计结论，即如果合同支付给予运营方享有与特许经营权协议分开的商品或服务或有形资产使用权利，运营方将按照适用的标准对该单独的商品或服务进行会计处理。也同意特许经营权的合同条款将决定运营方对授予方合同付款的会计处理。

德国会计准则委员会承认，国际财务报告准则解释委员会认为运营方的支付可能是可变支付，但后来得出结论，特许经营权安排的可变付款太广泛，无法解决。同意国际财务报告准则解释委员会决定将国际财务报告准则解释第 12 号——特许服务协议与国际会计准则 16 号——财产、厂房与设备或国际会计准则第 38 号——无形资产有关资产购买的决定分开，因为在某些情况下，引发可变付款的事件在运营方控制之内，而在其他情况下，不在运营方的控制之内。但是他们认为，国际财务报告准则解释委员会的暂定决议（即不能就在相关活动发生前，依赖买方未来活动的其他资产的可变付款是否应该确认为一项负债达成一致意见）是否取决于产生可变性的事件是在运营方的控制中还是在相同的情况下这些触发因素不在运营方的控制中，还尚不清楚。在他们看来，能够通过限制一个范围，当评估如何对可变付款进行会计处理时，运营方未来活动不是相关因素（如产生可变付款的事件不在运营方控制内），能够设计出方案来解决运营方向授予方付款的会计处理（不需要解决资产购买的可变付款的更广泛问题）。最后，德国会计准则委员会指出一个事实，仍然没有得到对于运营方是代理人或者被视作代理人情况下的回答，这可能不在此提交（和本暂定议程决议）范围之内，但他们在关于国际财务报告准则解释委员会的单独提交时提出了这个问题，并且等待做出决定。

安永会计有限公司认为，总的来说，支持暂定议程决议的总体方向，相信这对国际财务报告准则达成共识需要的要素提供有利指导。同意运营方应确定合同支付给授予方与特许经营权安排分开的某种商品或服务权利的程度，且当合同付款与使用与基础设施分离的有形资产权利有关时，应该评估该安排是否包含租赁。他们也同意，在没有附加权利时，对向授予方支付会计处理将根据运营方收到的有关提供建造和升级服务的报酬性质来确定。他们支持国际财务报告准则解释委员会的结论，即当国际财务报告准则第12号——无形资产模式适用时，运营方在特许经营权安排中可变付款的会计处理与资产购置可变付款的更广泛问题相关。虽然他们了解一些国际财务报告准则解释委员会成员的观点，即特许权安排是一种独特的类型，但他们认为，在不顾更广泛问题的情况下解决特许经营权协议运营方的问题是不合适的。但是，暂定议程决议草案介绍了其他有关方面的内容，包括似乎已达成共识的和国际财务报告准则解释委员会不可能达成一致的内容。暂定议程决议应说清楚国际财务报告准则解释委员会达成共识和没有达成共识的内容，以避免误会。

可变付款。在他们看来，需要阐释关于可变付款的处理，似乎不太完整。目前尚不清楚国际财务报告准则解释委员会在哪里达成共识，哪里不一致。此外，讨论引入的概念与国际财务报告准则委员会对更广泛的资产购买可变付款会计问题考虑不一致。

暂定议程决议草案指出，产生这些可变付款的事件可能在某些情况下在运营方的控制范围内，但在其他情况下可能在控制之外。在暂定议程决议中，对于这一言论没有进一步的讨论。另外，该实体控制之内或之外的义务概念和讨论与更广泛问题相关的概念不一致。更广泛问题即考虑了取决于与不取决于购买者未来活动的可变付款。例如，一项特许权安排，其付款是基于公众对基础设施使用（如道路或桥梁）创造了一个明确取决于运营方未来活动的义务。然而，在大多数情况下，该义务将不在运营方的控制之下（假设运营方没有权利关闭基础设施）。如果暂定议程决议保留对在或不在运营方控制范围内，认为国际财务报告准则解释委员会应该阐明这些概念的作用（同与更广泛的问题中的考虑相比较），以及国际财务报告准则解释委员会认为这些标准应该对会计结果的影响。在讨论这个更广泛的问题时，解释委员会无法就取决于买方的未来活动可变付款在活动实现之前是否确认为一项负债，以及这项负债的初始计量能否达成共识。这意味着国际财务报告准则委员会未对不依赖购买方未来活动的可变付款的确认和计量达成共识（如取决于指数或利率的付款）。国际财务报告准则解释委员会应阐明与可变付款有关的具体领域哪些能达成共识，哪些不能达成共识，以及已经达成共识，描述应该加以应用的会计处理。

作为代理方的运营方。在国际财务报告准则解释委员会对运营方作为授予人的情况达成共识前，解释委员会注意到，在某些情况下，运营方可能是与合同付款有关的代理人。例如，运营方可以代表授予者收取付款，并将其转交给授予人。如果没有任何进一步的解释，这个声明可能会导致混乱。国际财务报告准则解释委员会第 12 号——特许服务权安排承认运营方有合同义务"代表公共部门主体提供服务"，但很清楚的是，"运营方至少负责一些基础设施和相关服务的管理，不仅仅是作为一个代表授予方的代理人"。国际财务报告准则解释委员会可能一直指包括在合同现金流中的金额，例如销售税费或征税，这些从服务使用者中收取并支付给具有政府行政能力的公共部门主体而不是特许经营协议安排中的授予者。如果是这样，则应阐明理由，否则，安永认为国际财务报告准则解释委员会的结论是有效的。不论运营方是代理人还是授予人，都应从暂定议程决议中删除对"代理"的引用。

运营方的身份是代理人还是授予人，安永会计有限公司（以下简称"安永"）也将其视作一个潜在的问题，这是由国际财务报告准则解释第 12 号——特许服务协议和国际财务报告准则第 15 号——来自客户合同收入与客户签订的合约收入之间相互作用引起的问题。特别是根据国际财务报告准则解释第 12 号——特许服务协议，运营方代表授予者提供服务，但收入的表现仍然是授予人。另外，只有在运营方被确认为提供公共服务条款的授予人而不是代理人时运营方才有权利，国际财务报告准则解释第 12 号——特许服务协议的无形资产模型下向用户收费这个观点在国际财务报告准则第 15 号——来自客户合同收入文件下合适用。但是，国际财务报告准则第 15 号——来自客户合同收入列出的指标尚未确定。尽管一项特许经营权中的运营方主要责任是履行合同，国际财务报告准则解释第 12 号中要求授予方控制或规制运营方必须提供哪些服务，以什么价格，为谁提供。第一个将表明运营方是一个授予人，后者将表明运营方是国际财务报告准则第 15 号下的代理人。因此，安永认为，在这个暂定议程决议中断言在运营方代表授予者收取款项时运营方是一个代理人，突出了国际财务报告准则第 15 号——来自客户合同收入和国际财务报告准则解释第 12 号——特许服务协议间的矛盾，以及需要对它们之间的相互作用进行更详细的分析。安永了解国际财务报告准则解释委员会承认运营方作为代理人的可能性，而这个暂定议程决议的范围和意图并不是为了进一步观察具体情况以及可能发生的情况。但是，在这个暂定议程决议中，上述措辞可以看作表示不愿对国际财务报告准则解释第 12 号——特许服务协议进行任何广泛的审查。因此，安永认为，从暂定议程决议中删除对"代理人"的引用可能是适当的，并建议国际财务报告准则解释委员会探讨国际财务报告准则第 15 号与国际财务报告准则解释第 12 号——特许服务协议之间关于收入确认的潜在冲突。

二、国际财务报告准则解释委员会评论

国际财务报告准则解释委员会认为，如果特许服务协议以运营方与合同分离的商品或服务权利作为合同报酬的交换，则运营方对合同报酬的会计处理适用相应的国际会计准则。如果合同以授予运营方使用和基础设施分离的资产权利作为合同报酬的交换，则运营方需要评估该特许经营权安排中是否包含租赁。如果安排包含租赁，运营方按照国际财务报告准则 16 号——租赁的规定对合同约定付款进行会计处理。如果合同没有授予运营方单独的商品或服务的权利，或者不符合租赁定义的使用权，则运营方按照以下原则对合同约定付款进行会计处理。

如果特许经营权协议导致运营方仅享有从授予方收取现金的权利，那么授予者无异于收入合同中的客户（即国际财务报告准则解释委员会第 12 号——特许服务协议中的金融资产模型）。因此，在会计处理时，运营方将合同报酬作为成交价格的减少，将国际财务报告准则 15 号——来自客户合同收入关于应付报酬的处

理应用于客户。如果特许经营权协议导致运营方仅享有向公共服务的使用者收取费用的权利（即国际财务报告准则解释第 12 号——特许服务协议中的无形资产模型），那么运营方以获得无形资产作为建设和维修服务与向授予方应付的合同报酬相交换。因此，解释委员会表明合同报酬代表无形资产增加对价（即按照国际会计准则 38 号——无形资产的部分成本）。如果运营方既有权利向公共服务使用者收取费用，又有合同权利向授予者收取现金（即国际财务报告准则解释第 12 号——特许服务协议无形资产和金融资产模型），运营方则需要考虑合同报酬的实质来决定是属于无形资产报酬（即向公共服务的使用者收取费用的权利）还是应向客户支付的报酬，或者两者皆有之。

解释委员会表明，当适用国际财务报告准则解释第 12 号——特许服务协议中描述的无形资产模型时，对运营方应付的可变报酬的会计处理与对购买资产的可变对价的会计处理的广泛问题有关，无法就更广泛问题达成共识。

一些解释委员会的成员认为，特许经营权协议代表了一种独一无二的安排，因为运营方拥有持续的合同责任来提供服务。这些成员认为，解释委员会能够提出一个方案来解决运营方向授予者支付的可变报酬的会计处理，而无须考虑更广泛的问题。

三、合同报酬处理分析

安永会计有限公司、德国会计准则委员会和德勤会计师事务所有限公司（以下简称"德勤"）普遍支持暂时议程决定。尽管如此，所有的回应者都对其特殊方面提出了疑虑。普华永道国际有限公司（以下简称"普华永道"）和德国会计准则委员会认为，解释委员会能够提出一个方案来解决当国际财务报告准则解释第 12 号——特许服务协议描述的无形资产模型适用时，特许经营权安排中的可变报酬的会计处理，无须考虑更广泛的问题。

普华永道同意解释委员会中一些成员的观点，即特许经营权安排与其他的安排不同，因为运营方通常有提供服务的合同责任。因此，这样来看，解释委员会无法在更广泛问题上得出结论的理由不充分。德国会计准则委员会认为，解释委员会能提出方案解决这种支付的会计处理问题。它建议这样做，将范围限制为可变付款，产生这些可变付款的事件不在运营商的控制之下。相反，安永支持解释委员会的结论并认为在不考虑更广泛的问题下提出可变报酬的解决方案是不恰当的。德勤建议国际会计准则委员会解决这些可变报酬的会计问题，以及广泛的问题。德勤还建议运营方对不依赖其未来活动（如不依赖于指数或利率）的可变薪酬的会计处理作为议程决定一部分。

普华永道和德国会计准则委员会提出的疑虑与一些解释委员会成员提出的疑虑相似。回答者得到的反馈也是混杂的（有的认为解释委员会能在不考虑更广泛问题的情况下提出这种支付的解决方案，但有的不这么认为）。尽管解释委员会内部观点混杂，但最终决定不处理这种可变付款会计。考虑到反馈者混合观点，且没有任何新的论据提交给解释委员会，我们支持解释委员会以前做出的决定，即在无形资产模式适用时，解决运营方在特许经营权安排中的可变付款会计处理太广泛，不能由解释委员会解决。另外，在对可变付款不进行更广泛考虑情况下，解决不依赖于运营方未来活动的可变付款会计处理是不合适的，全面考虑所有这种变动支付会计比较合适。

安永和德国会计准则委员会对在更广泛问题的暂定议程决定中提及的内容有顾虑。安永指出第三段落中对可变付款的处理讨论似乎不完整。受访者表示，解释委员会达成共识的问题和没有达成共识的问题还不清楚。尤其是措辞似乎引入了与更广泛问题不一致的概念。暂定议程决定引用了在购买者控制之内和控制之外的义务概念，但是更广泛问题的议程决定考虑是依赖于购买者未来活动的可变付款。德国会计准则委员会同意解释委员会的观点：在某些情况下，产生可变付款的事件可能在运营方控制内，但在其他情况下不在运营方的控制内。然而受访者表示，暂定决定的基础尚未明确，即是否采用国际财务报告准则解释第 12号——特许服务协议中关于无形资产模型来处理可变付款。而这取决于产生事件是在运营者的控制中，还是在相同的条件下这些因素在运营方的控制之外。

关于什么是分离的商品、服务和使用权评估。德勤和普华永道要求解释委员会进一步解释运营方如何评估对商品、服务权利和资产使用权，是否可以与特许经营权安排相分离。德勤指出，构建基础设施的土地主体是授予方或运营方，很不寻常。然而，受访人认为在某些情况下或其他一些情况下，资产是建设基础设施的组成部分，将土地分离于特许经营权安排是不合适的。这是因为使用土地权利通常并不独立于特许经营权协议的基础设施运营。受访者进一步指出，在使用无形资产方面也可能产生此类付款。

这些担忧涉及评估特定资产或者基础设施是否属于国际财务报告准则解释第 12 号——特许服务协议范围。认为这些担心与运营方如何处理特许经营权协议的合同付款无关，这才是讨论主题。国际财务报告准则解释第 12 号——特许服务协议概述了运营方如何在范围内进行基础设施会计处理。因此，我们认为，评估资产是否具有独立性规范就在此中。这不是作为这个议程决定的结果而出现的规范。另外，国际财务报告准则解释第 12 号准则提供了应用指南，有助于运营方评估基础设施需要分开。建议解释委员会无须解决这个问题。

安永指出，在暂定议程决定中提及"代理人"可能会造成混乱。解释委员会是指合同现金流量（如销售额、税收或征税）中包含的从服务用户收取并支付给公共部门主体。它不是指向作为特许经营权协议下授予方的公共部门主体而支付的款项。受访者认为,解释委员会应在最终议程决定中阐明这一点。安永指出,运营方作为代理人或授予人的地位确认为国际财务报告准则解释第 12 号——特许服务协议或国际财务报告准则第 15 号——来自客户合同收入会产生潜在问题。受访者指出,运营方代表授予者提供服务,但关于收入的确定权却属于授予人。特许经营协议的运营方主要负责履行合同,运营方是适用国际财务报告准则第 15 号——来自客户合同收入的主体。但是,国际财务报告准则解释第 12 号——特许服务协议要求授予者控制或规制运营方必须提供服务内容、对象和价格,表明运营方又适用于国际财务报告准则第 15 号——来自客户合同收入的代理人。有些人要求解释委员会对国际财务报告准则解释第 12 号——特许服务协议和国际财务报告准则第 15 号——来自客户合同收入之间的相互作用进行一个更加详细的分析,并探索有关运营方收入确认的潜在冲突。

这种担心涉及国际财务报告准则解释第 12 号——特许服务协议对有关主体与代理人考虑因素的规定与国际财务报告准则第 15 号——来自客户合同收入规定之间的关系。我们认为不存在冲突,因为国际财务报告准则解释第 12 号——特许服务协议没有规范收入确认。相反,国际财务报告准则解释第 12 号——特许服务协议指出,运营方应当根据国际财务报告准则第 15 号——来自客户合同收入对其提供服务按照公允价值确认收入。我们没有意识到在这方面应用国际财务报告准则解释第 12 号——特许服务协议规范存在实际困难。此外,我们注意到,理事会发布的"国际财务报告准则第 15 号——来自客户合同收入的说明",阐明了一个主体如何确定是收入合同中的授予人还是代理人。基于以上分析,认为特许经营服务协议的运营方向授予者支付的可变报酬没有处理问题，不建议解释委员会在现阶段解决这个问题或者开展任何进一步分析。

第四节　包含可变支付特许经营服务合同处理评述

　　财产、厂房和设备或无形资产项目的购买价格可能包括固定或可变支付，或两者兼而有之。可变支付是指随着购买日期后事实或情况发生变化而变化的财产、厂房和设备或无形资产项目的合同付款。可变支付例子包括：依赖指数或比率（如通货膨胀或消费物价指数）的可变支付。这些可变支付在许可协议中是常见的，基于消费物价指数或其他一些指数或比率，每年年底的可变支付金额将会增加。依赖于从基础资产衍生出的买方未来活动的可变支付（如基于销售、收入或产出的支付）。这些可变支付在许可协议中也很常见。例如，购买无形资产的合同（如许可证）可以规定，付款额根据使用许可证带来销售收入的特定百分比确定。其他的例子包括如果买方在研发项目中使用购买资产达到一个特定的数量时，就可以选择可变支付。例如，在制药行业研发新药物的各个阶段。①

　　在未来的特定日期内所获得的资产符合商定的规格（如标准生产能力或标准业绩）时选择的可变支付。即如果买方所取得的资产能够在将来的某一特定日期内达到与卖方商定的特定业绩标准，则买方将支付款项。如果资产不能达到商定的业绩，买方则

---

　　① http：//archive. ifrs. org, Board discussins and Papers, IFRIC 12 Variable payments for asset purchases and payments made by an operator to a grantor in a service concession arrangement—Cover memo and possible alternatives, 2012 – 2015.

减少或不支付款项。付款额不取决于买方的未来活动。

可变支付合同处理涉及的问题有：何时对可变支付的负债进行初步确认？当买方同意支付可变款项并已收到资产时，是否就确认负债？对于依赖于买方未来活动的可变支付，只有当需要付款被执行时负债才会被确认吗？一旦负债被确认，那么对修改付款额估计数（如果有的话）所引起的负债后续调整是否应在损益中确认（如国际会计准则第 39 号所示）？还是这种调整（至少部分）应当作为相应有形或无形资产购买成本的一部分而资本化？

一、国际财务报告准则解释委员会讨论

在 2012 年 11 月的会议上，国际财务报告准则解释委员会讨论了可变支付的初始确认问题。在 2013 年 1 月和 3 月的会议上，解释委员会讨论了可变支付金融负债的后续计量问题。

关于可变支付的初始确认。解释委员会注意到，在国际会计准则第 32 号——金融工具——列报、国际会计准则第 39 号——金融工具——确认和计量以及国际财务报告准则第 9 号——金融工具的规定中，关于单独收购的有形或无形资产的可变支付负债确认时间，有两种不同观点。

观点 1：所有可变支付在资产购买时满足金融负债的初始确认标准。

观点 2：在需要付款的活动被执行之前，依赖于买方未来活动的可变支付不符合金融负债的初始确认标准。

依赖于买方未来活动的可变支付是否不应在活动被执行之前初始确认为负债，解释委员会对此不能达成共识。根据国际会计准则第 32 号——金融工具——列报、国际会计准则第 39 号——金融工具——确认和计量以及国际财务报告准则第 9 号——金融工具，在所有其他情况下（即当可变支付不依赖于买方未来活动

时），初步认为这些可变支付的公允价值应包括在资产购买日的相关负债的初始计量之中（假设资产已收到）。

关于可变支付金融负债，解释委员会初步决定，根据国际会计准则第 39 号——金融工具——确认和计量的规定，对负债的重新计量完全符合应确认为利息支出（按经修订的实际利率计算）。该规定适用于用浮动比率工具计算。因此，它适用于依赖比率的可变支付负债的会计核算。

其他负债（即非浮动比率负债）。金融负债的摊销（使用原实际利率）所引起的变动和应确认为利息支出处理相一致；对已列入金融负债初始金额的修正所引起的金融负债后续调整，应确认为相应资产成本的变动；在金融负债初始计量之外的可变支付确认所引起的金融负债价值变动不做调整，应确认为相应的资产成本。这些可变支付与资产的未来经济效益紧密相关。

解释委员会建议国际会计准则理事会修改国际会计准则第 16 号——财产、厂房和设备、国际会计准则第 38 号——无形资产和国际会计准则第 39 号——金融工具——确认和计量。在某些情况下，金融负债账面价值的后续变动（非浮动比率工具）应被确认为相关资产的成本变动。这些提案不涉及一项资产购买的可变支付初始确认的任何修正问题。

在 2013 年 7 月的会议上，国际会计准则理事会注意到，可变支付的初始计量影响其后续计量。一些国际会计准则理事会成员认为，购买资产的可变支付的初始计量和后续计量是有关联的，应该综合考虑。国际会计准则理事会还注意到，应把可变支付的会计问题作为租赁和"概念框架"项目的一部分来讨论。国际会计准则理事会决定，在 2013 年 5 月公布的租赁征求意见草案（"租赁征求意见草案"）的提议被重新审议后，将重新讨论收购有形或无形资产的可变支付会计问题。国际会计准则委员会已基本完成租赁会计征求意见草案。

二、可变支付合同处理调查

国际财务报告准则解释委员会向国际论坛、证券监管机构、全球会计师事务所、一家制药集团以及在建筑、基础设施和采掘行业的某些公司发出了请求。提问了以下几个问题。

在你的管辖范围内，对于单独收购厂房、设备或无形资产（而不是作为企业合并的一部分）产生的可变支付方式有多普遍？这种方式在哪些行业更常见？

在你的管辖范围内，你有没有注意到这种方式在采购存货时很常见？

按照这些交易在其管辖范围内常见的程度，要求受访者提供以下信息。

在你的管辖范围内，在最初收购资产时确认可变支付的最主要方法是什么？你注意到在这个领域实践时的重大分歧吗？你采取的方法基础是什么？

在最初收购资产时，确认可变支付的方法是否受到可变支付性质的影响（例如依赖于指数或比率可变支付，与依赖于买方未来活动的可变支付的会计处理方式有何不同）？

在你的管辖范围内，确认可变支付后续变动的最主要方法是什么（即通过损益计量还是调整资产成本还是其他方法）？你注意到在实践中的重大分歧吗？你采取的方法基础是什么？

所收到的回复代表非正式意见，并没有反映这些组织的正式意见。

这些回复表明，在不同的管辖范围和行业中，资产购买的可变支付是普遍存在的。制药行业被大多数受访者认为是一个普遍存在可变支付方式的行业。多数受访者认为存在的其他行业，包括但不限于以下内容：采矿、石油、天然气等采掘业；电信、媒体和娱乐、生物技术或其他高科技产业；房地产。

大多数受访者指出，这种方式在采购存货方面并不常见。然而，一些受访者指出，以数量为基础的回扣和折扣在各种行业都很常见。在房地产开发行业，有时会看到可变支付方式是，划分为存货的土地采用可变支付。可变支付也出现在采掘业矿产资源销售合同中（例如，一个没有冶炼厂的矿场将矿产卖给冶炼商，冶炼商提取各种元素出售给第三方）。在这种情况下，冶炼商支付最初价款，之后调整付款额以反映实际的矿物含量和矿物价格的变化。一名受访者指出，当某些商品的初始收购价格以临时价格为基础时，批发行业存在可变支付方式，并根据是否达到预定目标而进行相关调整。此外，大宗商品（如谷物和石油产品）的初始收购价格有时取决于交易日期的市场价格，进行相关调整以反映结算日市场价格的后续变化。这些回复表明，没有统一的方法来核算资产购买的可变支付。虽然在某些行业或某些管辖领域可能存在主流方法，但在以下方面仍然存在重大分歧：对初始购买资产的可变支付确认；对可变支付后续变动的确认。

有的国家准则制定者指出，这个问题在他们的管辖范围内并不常见。有的则指出，这种支付方式在各自的管辖范围和不同行业里都是常见的。一些回复表明，虽然不同可变支付方式之间的变化依赖基础可能不同，但依赖于未来活动或资产使用（如销售、开发阶段等）的支付比基于指数或比率的支付更为普遍。这些回复证实，可变支付方式在会计核算方面的重大分歧将继续存在。一些受访者指出，在特定行业、管辖范围或支付方式中，某一特定观点或主要方法成为主流。

证券监管机构的回复。国际财务报告准则解释委员会收到了两家代表监管机构的组织的回应。一名受访者指出，除了某一管辖区，这种可变支付方式并不常见。该管辖区的主要方法是在资产初始计量时采用可变支付额的最佳估计数。后续变动（取决于买方未来活动的可变支付）被认为是对资产成本的修正。第二个受访者的回复表明，有两个管辖区在这个问题上有一些经验。在第一个管辖区，主要方法是在资产初始计量时采用可变支付额的最佳估计数，后续变动确认为资产成本一部分。另一个则表明，只有在执行与支付有关的活动时，才确认可变支付。

制药行业几家公司的回复。国际财务报告准则解释委员会收到了来自制药行业四家公司的回复。所有受访者都指出，可变支付方式在收购无形资产（开发中的药物化合物的知识产权）时非常常见。通常是基于以下某一项支付款项：基于开发阶段，例如成功完成特定的开发阶段或获得监管批准时支付款项；基于销售阶段，例如达到规定的销售额时支付款项；基于销售额的特许权使用费支出，例如按照超过某一标准销售额的特定百分比来确定特许权使用费支付。

受访者指出，在该制药行业内可变支付一般按照以下方式核算：基于开发阶段的支付在性质上比照待付处理，并且在相关事件发生引起资产成本变动时被确认。潜在的未来支付在财务报表附注中披露为一项义务。基于销售阶段的支付通常在非常有可能达到规定值时被确认（如短期预算所表明的情况）。基于销售额的特许权使用费支出在销售发生时费用化。

其他回复。解释委员会收到了来自采掘业、基础设施和建筑行业的三家公司的回应。基础设施行业的一名受访者指出，这种支付方式在新兴市场上购买厂房、设备时非常普遍。这种方式通常在收购工业基地、基础设施建设和物流所需要的机器、重型车辆时见到。其他受访者表明，在这一方面的经验是有限的。

作为调查活动的一部分，国际财务报告准则解释委员会也在2015年6月的全球制造商论坛（GPF）和资本市场咨询委员会（CMAC）联合会议上讨论了这个问题。

全球制造商论坛成员分享他们在这一领域的经验和观点。一位成员指出，这个问题是制药行业面临的最大挑战之一。目前有不同的模式来核算企业合并中的可变支付与资产购买中的可变支付。在企业合并中采用可变支付的情况下，根据国际财务报告准则第 3 号——企业合并的规定，基于与开发进程相关的开发阶段以及所有基于销售的特许权使用费支出和其他可变支付确认的支付额（基于成功的概率）被确认为无形资产初始计量的一部分以及一项负债。负债的任何后续变动都可以直接确认为损益。在资产购买中采用可变支付的情况下，基于开发进程的支付额在资产购买日一般不确认为一项负债，当完成开发时，确认为资产成本。在财务报表附注中披露可变支付的承诺细节。该成员注意到，对这两种类型交易（即企业合并和资产购买）的核算规定是相似的，但他建议通过再次了解企业合并或有对价的规定来确认上述观点。另一名成员指出，在石油和天然气领域，有两种不同的模式来核算可变支付。这些支付一般不在资产的初次购买时确认（因为与可变支付有关的合同部分被视为可执行的），而是在后续发生资产成本时资本化。然而，如果被收购资产的前手所有者是雇员，并且该雇员将继续被雇用，那么支付额可能被视为对雇员的激励，在这种情况下，就确认为损益。一名成员评论说，资产购买不同于企业合并，并警告不要将其与企业合并进行类比，并指出考虑国际会计准则第 37 号——或有负债和或有资产的应用指南以及相关的确认和计量模式，才可能是适当的。如一名成员表示，他偏好于遵循类似租赁会计的初始确认方式（即对于依赖某一指数或比率的可变支付而不是其他可变支付，确认为一项负债）。另一名成员同意在初始确认时不确认为一项负债。两名成员都同意后续变动确认为资产成本。

　　资本市场咨询委员会成员的评论包括：有些人表示在初始购买时优先考虑按公允价值确认为负债。对负债的后续变动意见不一。如有成员指出，采用国际财务报告准则第 3 号——企业合并的方法（即初始确认时把所有的可变支付确认为一项负债，所有的后续变动通过损益科目确认）会增加损益波动并且可能向投资者发出混乱的信号。例如，当可变支付与收入挂钩时，绩效的提高和收入的增加将导致周期成本的增加与资源的外流，反之亦然。又如有成员指出，可变支付将有效区分经营成功实体的费用支出（如当可变支付是基于销售额的一定百分比来确定）和那些没有经营成功实体的费用支出，因为这些付款可能会对公司持续经营的能力产生负面影响。该成员还评论说，可变支付估计的变动通常也会反映在资产的价值变化中（如果资产用重估模型来衡量）。然而，如果重估模型不用于资产，那么该成员认为资本化方法（确认后续变动）可能是合适的。租赁项目中对可变支付的会计核算，以及在资产购买中对可变支付产生影响。

当一项资产（标的资产）被承租人使用时，承租人获得一项资产——资产使用权。如果该使用权的租赁费是随着时间的推移而支付的，承租人因为未来支付租赁费发生一项负债。这项负债是按照租赁标准（而不是国际会计准则第 39 号——金融工具确认与计量或国际财务报告准则第 9 号——金融工具）的要求来核算。国际会计准则理事会在租赁项目中详细讨论了支付租赁费这项负债的处理，尤其是用可变支付方式支付租赁费的会计核算。值得注意的是，国际会计准则理事会在这个项目中经历讨论过程。国际会计准则理事会最初提出了一种方法，该方法需要实体评估所有的可变租赁费，并在租赁开始时确认为一项负债（这些是 2010 年租赁中提出的建议）。然而，在考虑到受访者对 2010 年租赁的反馈之后，国际会计准则理事会决定遵循一个不同的模型，并且在资产和负债的初始确认时，排除了本质上是固定支付和基于指数与比率支付方式之外的可变支付。因此，依赖于承租人未来活动的可变租赁支付被排除在负债的初始计量方法之外。

国际会计准则理事会成员是出于不同的原因得出了这个结论。

对于一些成员来说，与未来业绩或未来使用有关的可变租赁支付是出于成本—效益原则得出结论（他们认为所有的可变租赁支付都符合承租人的负债定义）。然而，这些成员被利益相关者所说服，利益相关者认为这种方法的成本将超过收益，特别是因为包括他们在内的人们对高水平测量的不确定性表示担忧。其他成员认为，与未来业绩或未来使用有关的可变租赁支付直到实现业绩或使用发生才满足承租人负债定义。他们认为这些付款是可以被承租人避免的，因此，承租方没有现时义务支付这些款项。此外，与未来业绩或使用有关的可变租赁支付可以被视为一种手段，承租人和出租人可以分享通过资产消耗产生的未来收益。

对于依赖于指数或比率的可变支付，国际会计准则理事会认为这些支付符合承租方负债的定义，因为它们是不可避免的（即承租方有现时义务支付这些租赁费用），而且不依赖于承租人的未来活动。因此，任何不确定性都与这些支付确认负债的计量有关，而与这项负债的存在无关。对于依赖于指数或比率的可变租赁支付，国际会计准则理事会决定要求一个实体在开始日期使用指数或比率来确定初始确认支付额。不需要预测技术用于初始确认付款额，这项决定是基于一项成本—效益评估。国际会计准则理事会认为，在计量租赁负债时，应该用预测技术来确定指数或比率的变化带来的影响。然而，预测指数或比率的变化需要宏观经济信息，而这些实体可能不容易获得，同时预测指数或比率的变化可能导致计量的不确定性。国际会计准则理事会注意到，利用这种预测获得的其他信息的有用性通常不能与获得信息的成本相匹配。在达成这些决定时，许多实体的租赁数量（有些实体拥有数千个租约）以及可变支付是租赁合同中比较常见的，在评估计量提议的成本和收益时是国际会计准则理事会考虑的重要因素。对于未包含在租赁负债中的可变租赁支付（如那些基于承租人未来活动的支付），国际会计准则理事会得出结论，承租人应当在这些支付发生时确认为损益（除非按照其他适用的准则，成本包含在另一个资产的账面价值之中）。对于基于指数或比率的可变租赁支付，国际会计准则理事会得出结论，指数或比率变动所产生的租赁负债重新计量的变动额，应当确认为资产使用权的后续调整。只有当参考指数或比率变动导致现金流量发生变化时，承租人才应重新评估依赖于指数或比率的可变租赁支付。国际会计准则理事会承认，这一规定提供的相关信息比在每次报告日期时重新评估租赁支付的信息要少，因为承租人在每次报告日期时都不会重新评估租赁负债以反映相关指数或比率。尽管如此，国际会计准则理事会依然认为，这种方法符合成本—效益原则，可以修订负债计量，以反映对可变租赁支付的变化。

在资产购买中可变支付会计产生的影响。如果租赁项目中确立的原则适用于资产购买时可变支付的初始会计核算，国际财务报告准则解释委员会认为，依赖于指数或比率的可变支付，或者本质上是固定支付的付款，将被包含在资产购买日对负债的初始计量中；其他可变支付（如依赖于买方未来活动的）将不包含在资产购买日对负债的初始计量中。

在此之前，解释委员会不能就依赖于买方未来活动的可变支付在活动被执行之前应该被排除在负债的初始计量之外达成一致意见。在所有其他情况下（如可变支付不依赖于买方的未来活动），解释委员会暂时同意，这些可变支付的公允价值应包含在资产购买日对负债的初始计量中。对于依赖于指数或比率的可变支付，解释委员会将必须决定这些负债应该以公允价值计量还是应该使用资产购买日的指数或比率来计量。我们认为，这些负债应该使用资产购买日的指数或比率来计量。因为在制定租赁项目原则时，国际会计准则理事会注意到，预测指数或比率的变化需要宏观经济信息，而这些实体可能不容易获得这些信息，同时，预测指数或比率的变化可能导致计量的不确定性。国际会计准则理事会注意到，利用这种预测获得其他信息的有用性通常不能与获得信息的成本相匹配。同样，适用于资产购买的可变支付，收益不大于成本。

国际财务报告准则解释委员会认为，与不同于租赁项目的确认原则，计量基础应该应用于资产购买的可变支付，因为这可以为建筑合同实现特定会计结果提供机会。如果租赁项目中确立的原则适用于资产购买中可变支付的后续会计核算，对于基于指数或比率的可变支付，指数或比率变动所产生的租赁负债重新计量的变动额，应当确认为资产的后续调整；对于没有包含在负债初始计量中的可变支付，应当在这些支付发生时确认为损益（除非按照其他适用的准则，成本包含在另一个资产的账面价值之中）。

这将不同于解释委员会先前关于可变支付后续会计核算的决定，因为，对于包含在负债初始计量中的可变支付，根据租赁项目的原则，重新计量计入资产成本。解释委员会先前的暂定决定，要求对浮动比率负债进行重新计量计入损益，并对非浮动比率负债进行重新计量计入资产成本。对于不包括在负债初始计量中的可变支付，解释委员会已经初步决定，被排除在金融负债初始计量之外的可变支付确认所产生的变动，应被确认为资产成本的后续变动，并且在一定程度上，这些支付与这些资产产生的未来经济利益有关。根据租赁项目的原则，这些金额将被确认为损益。解释委员会必须决定，是应该重新确认其之前关于资产购买中可变支付后续会计核算问题的决定，还是应该重新考虑基于租赁项目中确认原则的决定。

国际财务报告准则解释委员会认为，对于基于指数或比率的可变支付的后续会计核算，应该采用在租赁项目中确立的原则。这将保持与租赁会计核算一致性，减少确定负债是固定比率还是浮动比率选择。对于不依赖于指数或比率的可变支付的后续会计核算（如基于买方未来活动的可变支付），应保留先前决定，把这些付款的调整确认为资产成本的后续变动，并且在一定程度上，这些支付与这些资产产生的未来经济利益有关。采用租赁原则会导致所有的调整确认为损益。在大多数情况下，购买资产时的可变支付都与资产产生的未来经济利益有关。例如，对于一个在研究开发项目中发生的款项与资产未来产生的销售额有关，其租赁义务一般由国际财务报告准则第 9 号——金融工具中确定，并按照适用于租赁合同的标准（目前为国际会计准则第 17 号——租赁会计核算）。国际财务报告准则第 9 号——金融工具指出，本标准适用于所有实体、所有类型的金融工具，除了国际会计准则第 17 号——租赁会计所适用的租赁权利和义务。然而，出租人确认的租赁应收款，须符合该准则撤销和减值的规定；承租方确认的融资租赁应付款项，须符合该准则的撤销规定；嵌入租赁中的衍生品须符合该标准嵌入式衍生品的规定。当新的租赁准则有效时，将会继续存在类似的范围外情况——租赁合同下的义务将继续按照租赁合同适用的标准进行解释。因此，如果租赁项目的建议适用于资产购买中可变支付的初始或后续会计核算，资产购买中可变支付的确认和计量的某些方面将由国际财务报告准则第 9 号——金融工具中确定，其他应用指南由将国际会计准则第 16 号——财产、厂房与设备和第 38 号——无形资产来规定。

《财务报告概念框架》征求意见稿中关于负债的提议。国际会计准则理事会在 2015 年 5 月公布了征求意见稿《财务报告概念框架》（CFED）。公示期于 2015 年 10 月 26 日结束。如果最终需要转移的经济资源取决于实体的未来行动，那么现时义务是否存在，征求意见稿特别提供了指南。该征求意见稿提出，通过转移经济资源使现时义务存在，必须满足两项条件：实体没有实际能力避免转移；从过去事件中产生义务；换句话说，实体已经获得了经济利益或进行了活动，以确定其义务的程度。征求意见稿指出：一个实体没有实际的能力来避免转移，例如，如果转移是具有法律效力的，或者任何避免转移的行为将会造成重大的业务中断，或者会产生比转让本身更严重的经济后果。实体的管理层打算进行转让或可能转让，都是不够的。该征求意见稿指出，在某些情况下，一个实体转移经济资源规定可以表达为假定实体有一项特定的未来行动，如进行特定的活动或在合同中执行特定的选项，如果实体没有实际的能力来避免这种行为，它就有义务。

国际财务报告准则第 9 号——金融工具相关指南分析。解释委员会先前关于可变支付后续会计核算的暂定决定是基于国际会计准则第 39 号——金融工具确认与计量。国际财务报告准则第 9 号——金融工具最近发布并取代了国际会计准则第 39 号——金融工具确认与计量的指南。解释委员会注意到下列事项：根据实际利率法，单独购买资产产生的金融负债后续计量被计入摊销费用。国际会计准则第 39 号——金融工具确认与计量提供了实际利率法指导。例如，它将因此适用于依赖于利率的可变支付负债会计核算。解释委员会认为，根据其中规定，对责任的重新计量计入利息费用（使用经修订的实际利率计算），应在利润或损失中予以确认。国际会计准则第 39 号——金融工具确认与计量适用于非浮动比率金融工具的会计核算。解释委员会指出，它将适用于核算基于一个不被作为浮动比率指数形成的可变支付负债；以买方未来活动为依据的可变支付的负债；当资产在未来的特定日期符合商定的规定时形成的可变支付负债。

根据国际会计准则第 39 号——金融工具确认与计量，由于修订了估计的现金流，重新计量了负债，但并没有改变实际利率。该实体通过使用金融工具初始实际利率估计未来现金流的现值，重新计算该负债的账面价值。结果，实体对负债的账面价值进行了调整。解释委员会认为，每一时期的利息费用（即确认为损益）与使用初始实际利率计算的金额相对应。调整不是利息费用（或利息收入）。相反，它认为这种调整涉及购买交易本身（在处理资产购买的可变支付时）。

国际财务报告准则解释委员会注意到，将负债账面价值调整作为收入或费用，计入损益。有人质疑这一段落的规定能否防止这种调整被认为是对在某些情况下所获得资产的成本变动。解释委员会认为，对国际会计准则第 39 号——金融工具确认与计量现行规定的适当解释是除非另一准则另有规定，实体应将一项金融负债的调整确认为损益。事实上，负债的调整确认为损益，并没有防止另一准则要求其资本化。例如，国际会计准则第 23 号——借款费用准则，要求利息费用按照国际会计准则第 23 号——借款费用进行资本化。

国际会计准则第 39 号——金融工具确认与计量规定，对于浮动比率金融资产和浮动比率金融负债，定期对现金流进行重新估计，以反映市场利率变动，从而改变实际利率。如果一项浮动比率的金融资产或浮动比率的金融负债按照相当于应收或应付本金的金额初始确认，那么重新估计未来的利息支付通常不会对资产或负债的账面价值产生重大影响。

国际会计准则第 39 号——金融工具确认与计量规定：如果一个实体修改付款或收入的估计，那么该实体应调整金融资产或金融负债（或金融工具组）的账面金额，以反映实际和修正的估计现金流。在金融工具初始实际利率下或在适用时根据规定计算修正后的实际利率下计算出的估计未来现金流现值，重新计算账面价值。该调整确认为收入或费用计入损益。如果金融资产重新分类，并且出于现金收入的增加可恢复性，后续增加了未来现金收入估计额，那么该项增加应当确认为来自估计变化之日起实际利率的变动，而不确认为估计变化之日资产账面价值的变动。

如果一个实体修正其付款或收入的估计额，那么该实体应当调整金融资产的账面价值总额或金融负债的摊余成本（或金融工具），以反映实际的和修正的估计合同现金流。重新计算金融资产的账面价值总额或金融负债摊余成本的现值，这个金额是在金融工具初始实际利率下（对于信用受损的购买金融资产或原有金融资产采用信贷调整后的实际利率），或在适用时根据计算修正后的实际利率下估计未来合同现金流现值的调整额来确认为收入或费用。

根据国际财务报告准则第 9 号——金融工具要求，如果一个实体修改其对付款或收入的估计，该实体应当调整金融负债的摊销成本。金融负债的摊销成本是指采用金融工具原始实际利率贴现率，估计未来合同现金流的现值，调整额确认为损益。

关于根据国际财务报告准则第 9 号——金融工具讨论实际利率的结论基础是基于国际会计准则第 39 号——金融工具确认与计量的结论基础。实际利率法的适用要求没有重大变化。因为国际财务报告准则第 9 号——金融工具部分措辞与国际会计准则第 39 号——金融工具确认与计量的措辞相一致，并且这个指南没有显著变化，国际财务报告准则第 9 号——金融工具对解释委员会过去达成的初步决定没有任何重大影响。

调查活动已证实，在不同的管辖区和行业，购买资产中的可变支付安排是常见的。在核算这些支付安排时，显著多样性仍然存在。

三、关于可变支付初始会计核算的前期讨论和暂定决定的总结

解释委员会注意到，单独获取一项资产并采取可变支付方式结算的义务是由合同引起的。因此，应按照国际会计准则第 32 号——金融工具——列报、国际会计准则第 39 号——金融工具确认与计量、国际财务报告准则第 9 号——金融工具的规定来解释这种可变支付。当一项合同确立了采用可变支付方式结算义务时，

应在资产购买日按可变支付的公允价值确认一项金融负债。事实上，金融负债是指具有将现金（或其他金融资产）交付给另一个实体合同义务的任何负债，在国际会计准则第 16 号——财产、厂房和设备以及国际会计准则第 38 号——无形资产中对成本的定义有着相似的规定，即在购买日的资产成本应包括支付现金等价物的金额或应考虑资产公允价值（例如可变支付义务）。因此，解释委员会指出，可变支付初始会计核算的中心问题是决定购买者在资产购买日是否有义务采用可变支付。这是一个关于确认问题。解释委员会注意到，针对单独收购有形资产或无形资产可变支付的确认时间问题，目前国际会计准则第 32 号——金融工具——列报或国际会计准则第 39 号——金融工具确认与计量或国际财务报告准则第 9 号——金融工具的现行规定中有着两种不同的解释：（1）备选方案 1：所有可变支付在资产购买日都符合金融负债的初始确认标准；（2）备选方案 2：依赖于买方未来活动的可变支付，直到履行需要支付活动才符合金融负债的初始确认标准。

解释委员会不能就下面问题达成一致，即依赖于买方未来活动的这些可变支付是否应在该活动被执行之前就被排除在对负债的初始计量之外。在所有其他情况下（即可变支付不依赖于买方的未来活动），它暂时同意，这些可变支付的公允价值应包含在资产购买日负债的初始计量中。

备选方案 1：在资产购买日所有可变支付满足金融负债的初始确认标准。

备选方案 1 的支持者认为，购买合同中达成的所有可变支付，都符合金融负债的初始确认标准，因此，首先应将其纳入单独购买资产时对负债的计量。备选方案 1 的支持者指出，如果已将相应的有形资产交付给买方，或将无形资产（如经营许可证）授予买方，则获取该有形资产或无形资产的合同是无效的。在这种情况下，卖方已经履行了它的义务。支持者认为，买方同意使用可变支付是购买交易中的强制性事件（假定该资产已被买方接收），即使可变支付依赖于买方的未来活动。他们还指出，要求金融负债在初始计量时以公允价值计量（在某些情况下是加减交易成本），并认为从金融负债的初始计量中排除可变支付是不符合公允价值计量的。当一个市场参与者估计可变支付负债的公允价值时，无疑应考虑这些可变支付。

支持者也提到了国际会计准则第 32 号——金融工具——列报。国际会计准则第 32 号——金融工具——列报提到，如果一个实体没有无条件的权利避免交付现金（或其他金融资产）来履行合同义务，那么该义务就符合金融负债的定义。如果一个金融工具要求实体在未来不确定事项（超出该金融工具的发行者和持有者控制）发生或不发生时支付现金（或其他金融资产），那么该金融工具是发行人的金融负债。因为这种工具的发行者没有无条件的权利避免交付现金（或其他金融资产）。换句话说，当处理单独购买资产的可变支付时，如果产生可变支付的未来事件发生或不发生在买方的控制下，那么在资产购买日不应确认为负债。如果考虑到产生可变支付的未来事件的发生或不发生超出买方的控制，那么在资产购买日，应该按可变支付的公允价值确认一项负债。

未来不确定事项的发生或不发生是否超出了购买者的控制范围。股票市场指数、消费者价格指数、利率、税收要求或发行者的未来收入、净收益或债务股本比的变动，都超出了金融工具发行人和持有人的控制。备选方案 1 的支持者认为，根据国际会计准则第 32 号——金融工具——列报，发行者未来的收入、净收益或债务股本比被认为超出了发行人的控制，他们认为发行人的未来活动（或未来的业绩）也超出了发行者的控制。因此，依赖于指数、比率或依赖于买方未来的活动（如收入或利润）的可变支付，在资产购买日应确认为金融负债。

备选方案 2：依赖于买方未来活动的可变支付，直到需要支付的活动被执行时才符合金融负债的初始确认标准。

备选方案 2 的支持者认为，直到需要支付活动被执行，依赖于买方未来活动的有形或无形资产单独收购中的可变支付，才符合金融负债的初始确认标准。他们认为，这些可变支付是可以避免的，收购者没有义务支付这些费用。支持者也提到了国际会计准则第 37 号——准备、或有负债和或有资产。国际会计准则第 37 号——准备、或有负债和或有资产仅仅只包括过去事件产生的义务。过去事件是独立于实体中被确认为负债的未来行动（即其业务的未来行为）。国际会计准则第 32 号——金融工具——列报是将金融工具分类——或有结算条款并入后修订而成的。金融工具分类或有结算条款表示，如果股票或债券等金融工具，其结算方式取决于未来不确定事件的结果，这些事件超出了发行者和持有者的控制，那么这种金融工具是金融负债。金融工具分类或有结算条款没有解决与收购非金融资产相关的金融负债的会计核算问题。最后，支持者提到了国际会计准则第 37 号中针对待执行合同的指南。待执行合同是指任何一方不履行其义务，或者双方在一定程度上履行其义务的合同。由于公司承诺购买或销售货物或服务而形成的资产和负债，通常到至少一方履行协议后才被确认。

备选方案 2 的支持者，把与未来活动相关的可变支付看作一种方法，买方和卖方可以在收到资产后，利用这种方法分享从资产的使用中获得风险和利润。换句话说，他们认为，通过这些可变支付，买方和卖方对不同于初始购买资产的合营安排形式达成一致（这应该从资产初始购买中得到独立的解释）。这些可变支付相关的负债，只有要求支付的活动被执行之后，才归属于国际会计准则第 39 号——金融工具确认与计量的范围。然而，应该指出的是，备选方案 1 的支持者认为，单独购买资产时基于买方未来活动的可变支付不是待执行合同：如果相应的厂房、设备已交付给买方或在购买日期前已将无形资产（如经营许可证）授予买方。

国际财务报告准则解释委员会提出以下几点：（1）对解释委员会在 2013 年 1 月会议期间所作的讨论和决定做出的总结；（2）关于解释委员会所作讨论的详细分析。应该注意的是，可变支付的初始会计核算影响后续计量：（1）如果在资产购买日确认可变支付，则有关后续会计核算的问题是如何核算估计付款额的修订引起的金融负债的变动：（2）如果要求支付的活动被执行时才确认可变支付，则如何核算之前被排除在金融负债初始计量之外的可变支付的确认。因此，解释委员会的分析考虑了备选方案 1 和备选方案 2 中的初始会计核算。

关于可变支付后续计量，解释委员会详细分析如下:①

（1）与金融负债的经济特性和风险不密切相关的嵌入式衍生品应单独作为衍生工具核算（即通过按照公允价值确认损益）。

（2）单独购买资产形成的金融负债通常按照实际利率法计算摊销费用。国际会计准则第 39 号——金融工具确认与计量对实际利率法提供了指南。

（3）国际会计准则第 39 号适用于浮动利率工具的会计核算。因此，它将适用于核算依赖于利率的可变支付形成的负债。负债的重新计量完全适用确认为损益的利息费用。

（4）国际会计准则第 39 号适用于核算使用非浮动利率工具的金融工具。解释委员会指出，它将适用于核算以下例子：依赖于指数的可变支付形成的负债，该指数不被认为是浮动汇率工具；以买方未来活动为依据的可变支付形成的负债；当获得的资产在未来特定日期符合商定的规格时，采用可变支付形成的负债。

---

① http：//archive. ifrs. org, Board discussins and Papers, IFRIC 12 Variable payments for asset purchases and payments made by an operator to a grantor in a service concession arrangement— Cover memo and possible alternatives, 2012 – 2015.

（5）由于估计现金流的修正而造成的负债重新计量不会改变实际利率。通过使用金融工具最初的实际利率来计算估计未来现金流的现值，进而重新计算负债的账面价值，实体对负债的账面价值进行了调整。解释委员会认为，每一时期的利息费用（即确认为损益）应使用原始利率计算的金额。它还认为负债账面价值的（这与估计未来现金流的修正影响有关）不是一项利息费用（或利息收入）。相反，这种调整与实体本身的购买交易相关（在处理资产购买可变支付时）。

（6）解释委员会认为，原始利率的最初设置是当资产购买合同中的隐含利率不易决定时，购买者在购买日的增量借款利率。买方的增量借款利率是指买方在购买协议中，可以在同一种货币中以相同的期限、使用类似的抵押品，借到类似金额而使用的利率。

（7）解释委员会注意到，国际会计准则第 39 号——金融工具确认与计量规定，应将负债账面价值调整确认为收入或费用，计入损益。有人质疑这一段是否能阻止这种调整被确认为在某些情况下所获得资产成本的变动。对国际会计准则第 39 号——金融工具确认与计量的现行规定的适当解释是，除非另一准则有规定，实体应确认金融负债的账面价值调整为损益。事实上，国际会计准则第 39 号——金融工具确认与计量规定的负债账面价值调整应被确认为损益这一事实，并不能阻止另一个准则国际财务报告准则要求其资本化。例如，国际会计准则第 32 号——借款成本费用化（按照国际会计准则第 39 号——金融工具确认与计量的规定，在利润或亏损中得到确认）按照国际会计准则第 23 号——借款费用进行资本化。国际会计准则第 16 号——财产、厂房和设备及国际会计准则第 38 号——无形资产规定，负债账面价值调整应该完全或部分资本化。

（8）解释委员会认为，如果所有的可变支付最初都包括在负债的计量中（即备选方案1），则负债账面价值调整与估计的变化一致，并应完全将其视为对资产成本的相应调整。解释委员会注意到，国际会计准则第 16 号——财产、厂房和设备与国际会计准则第 38 号——无形资产中估计数的变化（如剩余权益和资产使用寿命的变化），应根据国际会计准则第 8 号——会计政策、会计估计变更和差错变更来核算。这一分析与国际财务报告准则解释第 1 号中估计数变化的核算相一致。国际财务报告准则解释第 1 号——现存资产停止使用、恢复与类似负债变化解决了现实负债的会计核算问题，并规定当现实负债被重新计量时，资产成本应随之调整（因为实现义务带来的估计现金流的变化或因为贴现率的变化）。换句话说，国际财务报告准则解释第 1 号——现存资产停止使用、恢复与类似负债变化承认，一项资产的成本包括最初估计的资产成本，应在收购或建造之后进行调整。应该指出的是，国际财务报告准则解释第 1 号——现存资产停止使用、恢复与类似负债变化的处理方法（并且不允许追溯调整），与对厂房、设备估计的其他变化相一致。解释委员会注意到，如果可变支付最初没有包含在负债计量中（如备选方案2），负债账面价值调整并不符合估计数的变化。在这种情况下，它认为这种调整应该作为一种资产。在一定程度上，支付与基础资产产生的未来经济利益有关。这种分析与“资产”的定义是一致的。应该指出的是，这种分析处理的情况是，可变支付被排除在金融负债的初始计量之外（即备选方案2）。这是因为解释委员会无法就下面事项达成一致意见，即所有的可变支付是否应列入金融负债的初始计量。解释委员会承认，对过去的经济利益和未来的经济利益之间如何分配可能需要做出判断，但它认为无法对如何进行分配提供指导。

四、特许经营服务合同支付处理办法

特许经营服务合同支付会计处理涉及以下几个问题。在特许权开始之初，资产和负债如何确认；如何核算待摊项目（如在特许经营过程中支付的费用）。国际财务报告准则解释委员会指出，特许服务协议下运营方应付的可变特许费用是与更广泛的问题相关联的，该问题涉及除企业合并外购买房产、厂房、设备及无形资产的可变费用计量（以下称为"资产购买可变费用"）。在2013年3月的会议上，解释委员会在一些问题上达成了共识，包括资产购买可变费用和特许经营权可变支付费用的后续计量。解释委员会没有达成共识的问题是，在活动完成前与运营方未来活动无关的可变费用是否应从负债的初始计量中剔除。解释委员会决定向国际会计准则委员会提出一些修订建议，来反映其在资产购买可变费用的后续计量以及特许经营权可变支付费用的会计处理问题上的初步决定。这些建议不包括任何与资产购买可变费用的初始计量相关的修订。国际会计准则理事会指出，影响了后续计量的可变费用的初始计量，应该一起处理。由于对可变费用的计量是作为租赁和概念框架项目一部分讨论的一个话题，国际会计准则理事会决定在租赁征求意见草案的提议被重新审议后重新考虑这个项目。

（一）特许经营服务合同支付会计处理方法选择

国际财务报告准则解释委员会认为，在决定如何推进项目时可以采用以下方法：①

根据租赁征求意见草案中重新审议的决定，重新考虑资产购买可变费用的会计处理，并确认其先前在特许服务协议中经营商向权利授予方支付方面的初步决定。在此之前解释委员会无法达成一致意见，解释委员会已就这些可变费用的后续会计处理做出初步决定。在这种方法下，将重新考虑资产购买可变费用的会计

① http：//archive. ifrs. org, Board discussins and Papers, IFRIC 12 Service Concession Arrangements with leased infrastructure, 2015 –2016.

处理，以及基于租赁项目关于租赁安排所制定的各项原则进行分析。

国际财务报告准则解释委员会认为，根据指数或利率而定的可变费用，或者是固定费用（但结构和可变费用一样），将会在购买资产当天计入负债的初始计量；其他可变费用（如那些与经营方未来活动相关的）不在购买资产时计入负债的初始计量。对于根据指数或利率而定的可变费用，解释委员会需要决定这些负债是按公允价值计量还是按购买资产当天指数或利率折算的初始成本计量。与租赁项目原则相一致的方法是按购买资产时指数或利率折算的初始成本来计量可变费用。

如果将租赁项目中制定的原则应用于资产购买可变费用的后续会计处理，国际财务报告准则解释委员会认为，对于根据指数或利率而定的可变费用，因指数或利率变动而导致可变费用的变动，应根据该变动对相应的资产金额进行调整，初始没有确认为负债的可变费用，应在支付义务发生时计入当期损益（除非按照其他适用的标准，成本已包含在另一项资产的账面价值中）。解释委员会将需要决定，是否应该重新考虑之前关于资产购买可变费用后续会计处理的决定，或者根据租赁项目中制定的原则重新考虑其决定。对于基于指数或利率的可变费用的后续会计处理，解释委员会应该推荐应用租赁项目中制定的原则（应该对资产的初始成本进行调整）。对于不基于指数或利率（经营方的未来活动）的可变费用的后续会计处理，解释委员会应该保留先前的决定，即将这些费用确认为对资产成本的相应调整，因为这些费用与未来从资产中获得的经济利益相关联。

租赁协议的义务一般由国际财务报告准则第9号——金融工具规定，并按适用于租赁合同的标准处理。因此，如果将租赁项目中制定的原则应用于资产购买可变费用，可变费用的确认和计量将适用国际财务报告准则第9号——金融工具的规定，并且国际会计准则第 16 号——房产、厂房和设备和国际会计准则第 38 号——无形资产也要添加新的内容。解释委员会应批准其先前在特许服务协议费用方面做出的初步决定。先前的一些初步决定是基于国际会计准则第 18 号——收入和国际会计准则第 39 号——金融工具的确认和计量标准。国际财务报告准则解释委员会研究了修订后的可能影响，并且认为新指南对解释委员会先前所作的初步决定没有任何影响。建议国际会计准则理事会处理关于资产购买可变费用的事项，而解释委员会则处理在服务特许权协议中由运营方向权力授予者支付的费用。

解释委员会认为，如果资产购买可变费用的问题在规模和制度上很复杂，不能有效处理该问题，那么它可以考虑将该项目转交给国际会计准则理事会。国际会计准则理事会可以根据解释委员会的反馈意见，考虑是否将该项目纳入其工作计划，并且将以反馈意见作为其议程咨询的一部分。解释委员会可以继续就服务特许权协议中由运营方向权力授予者付款的相关问题进行研究。由于国际财务报告准则解释第 12 号——特许服务协议实际上是一个类似于租赁的具体会计制度，在国际财务报告准则解释第 12 号——特许服务协议的范围内提出一个有效的解决方案是可能的，而不需要解决更广泛的资产购买问题。

关于项目范围的其他问题。此前关于资产购买可变费用的讨论集中在购买无形资产和财产、厂房和设备上。参与调查的受访者表示，购买存货的可变支付安排并不像购买无形资产和资产、厂房和设备的安排那样普遍，但也有一些此类支付安排的例子。在项目中已明确的解决存货购买费用问题，也应该考虑到项目中所做的决定对购买存货可变费用可能产生的影响。一名被调查者指出，向经营权授予方支付的金额可能是收益，也可能是损失，尤其是考虑到支付的金额是否应作为一项费用或从收入中扣除时。我们将把相关问题作为项目的一部分考虑。另有几位被调查者认为，在制定项目提议时，解释委员会应该考虑国际财务报告准则第 15 号——来自客户合同收入的指导方针。在相关情况下，我们将注意到这一指导方针的潜在含义。如两名参与调查者指出，收购一家子公司交易的会计处理可能值得考虑，该交易涉及收购方在该项目范围内的独立财务报表中或有对价的确认。对于企业合并中合并财务报表里或有对价账面价值的后续变化，有具体的指导意见。然而又提出了不同的观点，其中一些人通过类比（将后续变化计入损益中）来指导合并财务报表，另一些人则根据变化调整投资成本。一个被调查者评论说，解释委员会关于这个项目的任何指导意见都可以通过类比应用到这个交易中。这个问题与这个项目无关，因此不建议解释委员会将这个问题作为这个项目的一部分来解决。

国际财务报告准则解释委员会认为应该这样做：根据租赁征求意见草案关于可变对价的建议，分析资产购买可变费用的会计处理。这就意味着，根据指数或利率而定的可变费用，或者是固定费用（但结构为可变费用），将会在购买资产当天计入负债的初始计量；其他可变费用（如那些与经营方未来活动相关的）不在购买资产时计入负债的初始计量。

国际财务报告准则解释委员会认为，与基于指数或利率的可变费用相关的负债，应该按购买资产时指数或利率折算的初始成本计量。这与租赁项目中制定的原则是一致的。对于基于指数或利率的可变费用的后续会计处理，我们认为解释委员会应该推荐应用租赁项目中制定的原则（即应该对资产的初始成本进行调整）。对于不基于指数或利率（经营商的未来活动）的可变费用的后续会计处理，解释委员会应该保留先前的决定，即将这些费用确认为对资产成本的相应调整，因为这些费用与从未来资产中获得经济利益相关联。

（二）特许经营服务合同支付会计处理方法举例

以下示例不仅阐述了将租赁项目原则应用于资产购买可变费用的影响，而且阐述了将解释委员会之前的初步决定应用于购买资产的可变费用及特许服务协议中运营方向授予方支付款项的后续计量影响。[①]

例1：一个达到里程碑的研究和开发项目中发生的可变费用

20×0年1月1日，C公司获得了一项与一种新的化合物有关的专利，并在当日第一次发生了100美元的固定费用。C公司打算在该研究和开发项目中，使用这种化合物来开发一种新药。如果获准在某一特定市场销售这种新药，实体C已同意向批准方额外支付55美元。C公司希望在20×0年12月31日（在获得专利后一年后）付款。

就本例而言，假定所获得的专利符合无形资产准则的定义，并于20×1年12月31日获得批准（即在获得专利后2年，比预期晚了1年）。在获得批准后，C公司将额外支付55美元。C公司的增量借款利率是10%（这反映了C公司可以借到的利率）。C公司希望在市场上销售这种新药5年（经批准后）。

初始会计处理。C公司按第一次支付费用的公允价值计入资产的初始计量。根据租赁项目的原则，额外支付的费用不计入资产和负债的初始计量中，因为该费用与指数或利率无关。因此，在20×0年1月1日，C公司做了以下会计分录：

借：无形资产　　　　　　　　　　　　　　100美元

---

① http：//archive. ifrs. org, Board discussins and Papers, IAS 16 Property, Plant and Equipment, IAS 38 Intangible Assets and IFRIC 12 Service Concession Arrangements, Variable payments for asset purchases and payments made by an operator to a grantor in a service concession arrangement— Simplified Examples, September 2015.

136

贷：现金	100 美元

后续会计处理。在获准在市场上销售新药时，C 公司按额外支付费用的公允价值计入负债。根据租赁项目的原则，该次支付款项将在发生时被确认为一项费用。因此，在获得批准时（即 20×1 年 12 月 31 日），C 公司做了以下会计分录：

借：费用 　　　　　　　　　　　　　　　55 美元

贷：现金 　　　　　　　　　　　　　　　55 美元

然而，如果可变费用的后续计量采用了解释委员会之前的初步决定，那么公司需要评价这笔款项是否与未来从资产中获得的经济利益相关。在本例中，可变费用反映了与购买该化合物相关的额外成本，并与未来的经济利益有关（未来的收入预计将通过新药物的销售而产生）。因此，在获得批准时（即 20×1 年 12 月 31 日），C 公司做了以下会计分录：

借：无形资产 　　　　　　　　　　　　　55 美元

贷：现金 　　　　　　　　　　　　　　　55 美元

例 2：运营方向权力授予者支付的可变费用——金融资产模型

运营方在第 1 年年初开始为授予方建造收费公路，在此之后，运营方将代表授予方在特许经营期间的剩余年限内经营公共收费公路。协议条款规定，授予方将每年向运营方支付合同约定的金额，作为其建造服务的报酬（金融资产模型）。

授予方同意在 11 年的特许协议中，从第 2 年年初开始每年向运营方支付 1 万美元，即总共 10 万美元。然而在特许协议结束时，如果特许期内公共服务的用户数量低于 5000 万户，那么运营方要向授予方支付 1 万美元（因为该协议假定，如果用户数量超过 5000 万户，表明运营方提供的服务处于可接受的水平）。支付给授予方的款项与支付确切的商品或服务的款项不同。在第 1 年年末，运营方完成了收费公路的建设，并在第 2 年年初开始运营收费公路。在第 1 年年底，运营方预计在特许协议结束时，用户数量将超过 5000 万户。然而，在第 2 年年末，运营方预计在特许协议结束时，用户数量将会在 5000 万户以下。本例不考虑货币时间价值。假设建造服务的独立销售价格是 4 万美元，而运营服务的独立销售价格是 6 万美元。假设运营服务在第 2 至第 11 年平均提供。

收入确认原则的提议应用：运营方向授予方支付的可变费用可能是 0，也可能是 1 万美元。在第 1 年年末，该特许协议的总体报酬可以确定是 10 万美元，用 10 万美元的报酬减掉最可能的特许权费 0。运营方根据服务相对的独立销售价格，将总体报酬分配到协议的各个部分。换句话说，在 10 万美元的总体报酬中，向建造服务分配了 4 万美元，向运营服务分配了 6 万美元。

在第 1 年年末，建造服务已经全部交付，但是运营服务还没有开始交付。因此，运营方在第 1 年年末的会计分录是：

借：应收账款　　　　　　　　　　　　40000 美元

　　贷：收入　　　　　　　　　　　　　　40000 美元

基于总体报酬和提供的商品和服务的相对公允价值，对运营方第 1 年的收入进行确认。在第 2 年年末，运营方在考虑修改后的可变特许权费后，修订了对总体报酬的估计。现在的总体报酬是 9 万美元，用 10 万美元的报酬减掉最可能的特许权费 1 万美元。运营方根据服务相对的独立销售价格，将总体报酬分配到协议的各个部分。即 9 万美元的总体报酬分为：建造服务 36000 美元（40000 × 90000 ÷ 100000），运营服务 54000 美元（60000 × 90000 ÷ 100000）。

在第 2 年年末，建造服务已经全部交付，10 年的运营服务已交付 1 年。因此，在第 2 年末应该记录的累计收入是 41400 美元。计算过程为建筑服务的 36000 美元，加上运营服务 54000 美元 × 1/10。因此，运营方在第 2 年年末的会计分录是：

借：现金　　　　　　　　　　　　　　10000 美元

贷：收入　　　　　　　　　　　　　　　1400 美元

应收账款　　　　　　　　　　　8600 美元

基于总体报酬和提供的商品和服务的相对公允价值，对运营方第 2 年的收入进行确认。

例 3：运营方向权力授予者支付的可变费用——无形资产模型（变动取决于用户的数量）

在国际财务报告准则解释第 12 号——特许服务协议下的 11 年服务特许协议中，运营方在第 1 年年初开始为授予方建造收费公路，在此之后，运营方将有权代表授予方在特许经营期间的剩余 10 年内经营公共收费公路。协议的条款规定，运营方在特许经营期内有权向公共服务的使用者收取费用，每辆车 10 美元（无形资产模型）。在特许经营期间，运营方同意支付给授予方费用，每辆车 1 美元。支付给授予方的款项与支付确切的商品或服务的款项不同。在第 1 年年末，运营方完成了收费公路的建设，并在第 2 年年初开始运营收费公路。在第 1 年年底，运营方预计在特许经营期限内，用户的数量将达到 1.1 万户，尽管运营方无法对此做出合理的确定。在第 2 年年末，有 1200 名用户使用了收费公路，运营方将其对用户总数的估计修改为 1.2 万户。这一次运营方仍不能合理地确定在整个特许经营期间用户的数量。

本例不考虑货币时间价值。假设建造服务的独立销售价格是 4 万美元，而运营服务的独立销售价格是 6 万美元。假设运营服务在第 2 至第 11 年平均提供。从经济上来说，特许服务权最初被认为价值 11 万美元（每辆车 10 美元 × 1.1 万辆汽车），而特许服务被认为价值 10 万美元（建造服务 4 万美元 + 运营服务 6 万美元）。运营方支付授予方的每辆车 1 美元是为了补偿授予人，因为 11 万美元的特许服务权比 10 万美元的特许服务价值更多。应用为获得无形资产可变费用的会计处理原则的提议，与购买者未来业绩相关的可变费用，如基于未来收入或其他类似的利润分享协议的可变费用，不会在初始计量时计入无形资产或者负债。这个例子中的特许权费与运营方的未来业绩相关，与指数或利率无关。因此，未来每个用户 1 美元的特许权费将不会确认为无形资产的成本。即在第 1 年年末，建造服务已经全部交付，但是运营服务还没有开始交付。因此，运营方在第 1 年年末的会计分录是：

借：特许权资产　　　　　　　　　40000 美元
　　贷：收入　　　　　　　　　　　　40000 美元

基于总体报酬和提供的商品和服务的相对公允价值，对运营方第 1 年的收入进行确认。根据在租赁项目中制定的关于可变费用后续会计处理的原则，在每一阶段结束时，当每个用户的 1 美元能合理确定时（即确认相应的收入时），运营方支付的特许权费将被记录为期间费用。

根据先前对可变费用的后续会计处理的初步决定，运营方需要确定该费用是与未来利益相关，还是与以前或现在相关。在本例中，由于每个用户的 1 美元费用并不带来未来的利益（因为运营方已经消耗了相关的无形资产），运营方应将 1 美元确认为当期损益。因此，运营方在第 2 年的会计分录是（无论是根据租赁原则还是先前的初步决定）：

借：现金　　　　　　　　　　　　12000 美元
　　贷：收入　　　　　　　　　　　　12000 美元
借：特许权　　　　　　　　　　　1200 美元
　　贷：现金　　　　　　　　　　　　1200 美元

这表示对第 2 年收入的确认和对可变费用的确认。

例 4：可变费用——无形资产模型（变动取决于通货膨胀指数）

一项为期三年的服务特许权协议规定，运营方通过在三年内每年向授予人支付年费，有权向用户收取公共服务费用。给授予人的年费每年年末支付。在 2000 年 1 月 1 日签订合同时，运营方同意支付一笔 100 美元的特许权费，特许权费根据通货膨胀率逐年递增。

对于本例有如下假设：（1）运营方的增量借款利率在 2000 年 1 月 1 日是 5%；（2）根据国际财务报告准则解释第 12 号——特许服务协议，可变费用是为获得无形资产的报酬一部分。

以下是实际年通胀率和预期年通胀率的数据：2000 年实际通货膨胀率 3.2%，预期通货膨胀率 2000 年 1 月 1 日，3.2%；2001 年实际通货膨胀率 7.5%，预期通货膨胀率，2000 年 1 月 1 日，3.8%；2001 年 1 月 1 日，7.5%；2002 年实际通货膨胀率 3.7%，预期通货膨胀率，2000 年 1 月 1 日，3.8%；2001 年 1 月 1 日，4.1%；2002 年 1 月 1 日，3.7%。

预期的现金流（利用当前的即期通胀率）：2000 年 1 月 1 日，103.2 美元；2001 年，106.5 美元；2002 年，109.9 美元；2001 年 1 月 1 日的预期现金流，2001 年 110.9 美元，2002 年 119.3 美元；2002 年 1 月 1 日的预期现金流 115.0 美元。

初始会计处理：根据租赁项目中制定的可变费用原则，负债的初始计量基于 20×0 年 1 月 1 日的指数或利率。在 20×0 年 1 月 1 日，C 公司最初确认了 289.8 美元的资产和负债（即按三项预期支付费用的公允价值，以 5% 的利率折现）。

后续会计处理：根据租赁项目中制定的原则，因指数获利率变化所产生的后续调整将被计入资产成本。表 3-1 显示了负债摊销过程。

表 3-1　　　　　　金融负债成本摊销表　　　　单位：美元

年份	期初余额	应计利息 5%	摊余成本	利息费用	期末余额
2000	289.8	14.5	0	(103.2)	201.1*
2001	201.1	10.1	13.3	(110.9)	113.6**
2002	113.6	5.7	(4.3)	(115.0)	0

注：* 201.1 = 289.8 + 14.5 - 103.2；** 113.6 = 201.1 + 10.1 + 13.3 - 110.9。

141

根据国际财务报告准则解释委员会先前的初步决定，公司应首先确定负债是固定利率负债还是浮动利率负债。解释委员会2013年1月会议的议程文件承认了该领域的实践多样性。如果公司认为是浮动利率负债，调整将计入损益。如果公司认为是固定利率负债，调整将计入资产成本。

五、特许经营服务合同支付处理分析

运营方在特许服务协议中支付的款项进行会计处理，涉及特许权开始之初确认为资产和支付相关款项的负债与确认为待摊项目问题。有许多运营方为了履行服务特许协议下的义务而进行合同支付的例子。这些包括但不限于：因使用有形资产（使用权支付）而向授权人或第三方支付的款项；运营方因特许经营权而给授权人付费（特许权使用费）。根据特许服务协议的具体条款，特许权使用费可固定或变化。

国际财务报告准则解释委员会讨论了固定费用和可变费用的会计处理问题并初步决定：如果特许权使用费给运营方一种与特许服务经营协议不同的商品或服务权利，运营方应根据适用的标准来对该商品或服务进行会计处理；当特许权使用费与有形资产使用权相挂钩时，运营方应判断是否获得了资产使用权的控制。如果运营方控制了使用权，那么特许经营安排的要素将被认为是在国际会计准则第17号——租赁范围内的一种嵌入式租赁；当特许权使用费与有形资产的使用权利挂钩时，但该协议并不代表嵌入式租赁，则应按特许权使用费的方式来处理；如果特许使用权没有给运营方不同的商品或服务权利，或符合租赁定义的使用权，则在确定特许权使用费会计处理时，应考虑特许经营协议的类型；如果特许服务协议导致运营方仅有权从授予方获得现金（即国际财务报告准则解释第12号——特许服务协议适用的金融资产模型），则特许权使用费是对整体收入对价的调整；如果特许服务协议导致运营方仅有权向公共服务用户收取费用（国际财务报告准则解释第 12 号——特许服务协议适用的无形资产模式），则特许权使用费是特许经营权的对价（即确认的无形资产的部分成本）；如果运营方既有权向公共服务用户收取费用，又有权从授予方那里获得现金（即授予方对运营方服务有实质保证），那么需要比较有权从授予方处获得的现金和运营方的服务公允价值，以帮助运营方判断特许权使用费究竟是整体收入对价的调整还是无形资产特许使用费权的对价。

解释委员会指出，特许服务协议可能是一个多要素协议。分析指出，需要确定协议要素并判断它们是否应该分开进行会计处理。特别需要判断的是，运营方支付特许权使用费是否获得了与特许协议不同的产品或服务，在这种情况下应将其与特许服务协议分开，按照相关准则进行会计处理。当特许权费用与有形资产使用权挂钩时，运营方应当判断运营方是否获得了资产使用的控制权。如果运营方控制了使用权，那么特许经营安排的要素将被认为是租赁范围内的一种嵌入式租赁。当特许权使用费不能与协议中不同的、可以单独进行会计处理的要素挂钩时，该费用就应该与特许服务协议的其他要素一起分析。在此种情况下，特许服务协议的类型对特许权费用的会计处理影响如下：当运营方仅有权向授予者收取费用时，特许权费应视为整体对价的一种调整，即当该运营方从服务中获得的收入被确认时，它将减少该收入。这种方法的理论依据是基于这样一种假设：在金融资产模型中，在收入协议中授予方与客户没有什么区别。换句话说，运营方对应付给授予方的可变特许权费用的处理与该实体对支付给客户的可变费用处理是一样的。

当运营方仅有权向公共服务用户收取费用时，特许权费应按以下方式处理：当运营方只提供运营服务时，付款将代表获得一项无形资产（即向该服务的公共用户收取费用的权利）；当运营方同时提供建造和运营服务时，付款将代表无形资产的增量支付。这种方法的基本原理是基于这样一种假设：在无形资产模型中，收入协议是在运营方和公众之间，支付协议是一项用服务（运营方的建造及运营服务）交换无形资产（授予者的特许权）的非货币性资产交换。然而，作为非货币性资产交易的一部分，运营方也可能要给授予者特许权费用，以弥补交换双方的公允价值差额。例如，如果建造或升级服务的公允价值为1500美元，但公众收费权的公允价值为1700美元，那么授予方换出公众收费权时，会要求在建造服务基础上更多的价值，即200美元的特许权费。当运营方支付给授予方的费用可变时，该交易就类似于购买者为获得无形资产的可变支付交易。

可变费用包括下列情形：（1）当金融资产模型适用时，可变费用的会计处理应依照收入原则；（2）当无形资产模式适用时，可变特许权费用是与更广泛的问题相关联的，该问题涉及除企业合并外购买房产、厂房、设备及无形资产的可变费用会计处理。

对于企业合并外的资产购买可变费用问题，解释委员会没有达成共识。这里的问题是，在活动完成前，与运营方未来活动无关的可变费用是否应从负债的初始计量中剔除。对于后续会计处理，解释委员会暂时决定：负债的重新计量确认为损益中的利息费用（按修正实际利率计算）。它适用于浮动利率负债；其他负债（即非浮动利率负债），因金融负债摊销所做的调整（按原始实际利率计算），确认为损益中的利息费用，因金融负债初始计量内的重新估算所做的调整，确认为资产成本调整，因金融负债初始计量外的可变费用确认所做的负债调整，当该项费用与未来从资产中获得的经济利益相关时，确认为资产成本调整。

如果将租赁协议中可变费用的初始确认和计量原则应用于资产购买可变费用的会计处理——根据指数或利率而定的可变费用，将会按购买资产当天的指数或利率计入负债的初始计量；所有其他可变费用都不计入负债的初始计量。如果将租赁项目中规定的原则应用于资产购买可变费用的后续会计处理，那么，对于根据指数或利率而定的可变费用，因指数或利率变动而导致的可变费用的变动，应根据该变动对相应的资产金额进行调整；初始没有确认为负债的可变费用，应在支付义务发生时计入当期损益（除非按照其他适用的标准，成本已包含在另一项资产的账面价值中）。如果资产购买可变费用的会计处理采用租赁项目原则，如特许权费是根据利率或指数变动的特许服务协议而采用的无形资产模型，那么特许权费将会按协议生效当天的利率或指数计入负债的初始计量，后续将会调整无形资产成本。基于其他变量（如收入）的特许权费用不会被计入负债的初始计量。后续费用将记入损益科目。

解释委员会指出，当混合模式适用时，要判断特许权使用费究竟是整体收入对价的调整还是无形资产特许权的对价。解释委员会指出，如果运营方通过支付特许权费，既没有获得不同的产品或服务，也没有获得符合租赁定义的使用权，并且运营方只有向授予者收取现金的合同权利，那么该特许权费就是对整体收入对价的调整。在做出这个初步决定的过程中，解释委员会还审议了国际会计准则第 18 号——收入的指导意见。分析指出，国际会计准则第 18 号——收入不提供除了数量折扣和商业折扣外的客户付款的明确指导意见——交易中产生的收入通常由企业与买方或资产使用者之间的协议决定。它是在考虑了实体允许的数量和商业折扣基础上，按已收到或将收到的对价公允价值衡量的。虽然国际会计准则第 18 号——收入没有明确提供所有类型客户付款的会计处理，但根据国际会计准则第 18 号——收入中数量和商业折扣的原则，同样适用于其他类型的客户付款。

国际会计准则理事会最近发布了国际财务报告准则第 15 号——来自客户合同收入准则，取代了国际会计准则第 18 号——

收入相应指导意见。国际财务报告准则第 15 号——来自客户合同收入准则提供了对客户的应付对价的指导。该准则规定，对客户的应付对价应作为交易价格的减项，因此，除非付款是为了获得不同的商品或服务，否则收入将减少。它还规定，如果应付对价是可变的，企业应根据合同收入准则中关于可变对价的指南来估计交易价格。合同收入准则的指导与解释委员会先前的初步结论是一致的，并认为引入合同收入准则不会对这些结论做出任何修订或进一步分析。

运营方向授予方提供的物品。授予者因服务协议而向运营方提供的基础设施项目不确认为运营方的财产、厂房和设备。如果运营方付款获得了基础设施项目，经营方应按照本解释规定对这些付款进行会计处理。授予者还可以向运营方提供其他物品，运营方可以随意保留或处理。如果这些资产构成授予者为服务而应付对价的一部分，就不是国际会计准则第 20 号定义的政府补助。它们被确认为运营方的资产，在初始确认时以公允价值计量。运营方为交换资产而承担的未履行义务，应当确认为一项负债，

运营方向授予方付款。作为特许服务协议的一部分，运营方可能被要求向授予者付款。如果付款是不同于运营方特许经营协议的产品或服务的权利，运营方应根据适用的标准对这些不同的产品或服务（及相应的负债）进行会计处理。例如，运营方向授予者做出的租赁付款（该付款给运营方控制资产使用的权利）按照租赁准则进行处理。如果付款没有给予运营方不同的产品或服务的权利，运营方向授予者支付的款项就是特许服务协议的一部分。在这种情况下，运营方应当按照国际财务报告准则第 9 号——金融工具的规定，确认特许经营金融负债。相应的会计分录如下：如果运营方按照规定确认了金融资产，那么这笔费用就是运营方收到的对运营和建筑服务（如果有的话）对价的减少，因此作为运营方的收入；如果运营方按照规定确认了无形资产，则该款项作为运营方对该无形资产支付的额外对价，作为该无形资产成本的一部分进行处理；如

果运营方按照要求确认了金融资产和无形资产，则运营方应评估该项费用是运营方就其所执行的服务所收取对价的减项或运营方就无形资产支付的额外代价。评估是通过比较从授予方收取现金的金额与运营方运营和建设服务（如有）的公允价值来进行。

第五节 项目方 PPP 资产与负债入账价值评述

对于项目方 PPP 资产初始计量，依据国际财务报告准则解释第 12 号——特许服务协议，在金融资产模式下，有公允价值模式与摊余成本模式，在无形资产模式下采取公允价值模式。美国 PPP 初始计量与其相一致。英国的私人融资计划采取的是金融资产模式以公允价值计量。我国的 PPP 项目也采取公允价值模式。这里的问题是，由于 PPP 项目是基于特许经营服务协议而提供的与公共基础设施相关的服务活动，一般没有第一层次与第二层次的公允价值，通常需要应用第三层次的公允价值，而第三层次的公允价值评估则与 PPP 项目类型密切相关，不能照搬传统的无形资产公允价值评估方法来确定。特许经营权的价值主要来自政府方或授予方规定，而不是来源于市场。不同付费模式下的 PPP 项目财政支持方式也不相同，相应的特许经营权价值也应有所差别。在我国，有财政支持的 PPP 项目，都需要地方政府进行财政能力论证，只有通过了财政能力论证报告，PPP 项目评审才准予通过。因此，财政支出比例成为 PPP 项目的一种重要限制。我国财政部为有序推进政府和社会资本合作项目实施，保障政府切实履行合同义务，有效防范和控制财政风险，2015 年 4 月颁布了《政府和社会资本合作项目财政承受能力论证指引》,[①] 对政府付费类型 PPP 项目做了规范。

---

① http：//www.cpppc.org.

一、政府付费类型下 PPP 项目资产公允价值

政府付费类型下 PPP 项目资产公允价值，主要是指 PPP 项目全生命周期过程的财政支出责任，主要包括股权投资、运营补贴、风险承担、配套投入等。这样的公允价值不同于市场竞争形成的公允价值，有其鲜明的政府特征，体现了 PPP 项目特点。

股权投资支出责任是指在政府与社会资本共同组建项目公司的情况下，政府承担的股权投资支出责任。如果社会资本单独组建项目公司，政府不承担股权投资支出责任。运营补贴支出责任是指在项目运营期间，政府承担的直接付费责任。

不同付费模式下，政府承担的运营补贴支出责任不同。政府付费模式下，政府承担全部运营补贴支出责任；可行性缺口补助模式下，政府承担部分运营补贴支出责任；使用者付费模式下，政府不承担运营补贴支出责任。

风险承担支出责任是指项目实施方案中政府承担风险带来的财政或有支出责任。通常由政府承担的法律风险、政策风险、最低需求风险以及因政府方原因导致项目合同终止等突发情况，会产生财政或有支出责任。

配套投入支出责任是指政府提供的项目配套工程等其他投入责任，通常包括土地征收和整理、建设部分项目配套措施、完成项目与现有相关基础设施和公用事业的对接、投资补助、贷款贴息等。配套投入支出应依据项目实施方案合理确定。

财政部门（或 PPP 中心）综合考虑各类支出责任的特点、情景和发生概率等因素，对项目全生命周期内的财政支出责任分别进行测算。

运营补贴支出应当根据项目建设成本、运营成本及利润水平合理确定，并按照不同付费模式分别测算。对政府付费模式的项

目，在项目运营补贴期间，政府承担全部直接付费责任。政府每年直接付费数额包括：社会资本方承担的年均建设成本（折算成各年度现值）、年度运营成本和合理利润。计算公式为：

$$
\text{当年运营补贴支出数额} = \frac{\text{项目全部建设成本} \times (1 + \text{合理利润率}) \times (1 + \text{年度折现率})^n}{\text{财政运行补贴周期（年）}} + \text{年度运行成本} \times (1 + \text{合理利润率})
$$

对可行性缺口补助模式的项目，在项目运营补贴期间，政府承担部分直接付费责任。政府每年直接付费数额包括：社会资本方承担的年均建设成本（折算成各年度现值）、年度运营成本和合理利润，再减去每年使用者付费的数额。计算公式为：

$$
\text{当年运营补贴支出数额} = \frac{\text{项目全部建设成本} \times (1 + \text{合理利润率}) \times (1 + \text{年度折现率})^n}{\text{财政运行补贴周期（年）}} + \text{年度运行成本} \times (1 + \text{合理利润率}) - \text{当年使用者付费数额}
$$

其中，n 代表折现年数。财政运营补贴周期指财政提供运营补贴的年数。

年度折现率应考虑财政补贴支出发生年份，并参照同期地方政府债券收益率合理确定。合理利润率应以商业银行中长期贷款利率水平为基准，充分考虑可用性付费、使用量付费、绩效付费的不同情景，结合风险等因素确定。在计算运营补贴支出时，应当充分考虑合理利润率变化对运营补贴支出的影响。PPP 项目实施方案中的定价和调价机制通常与消费物价指数、劳动力市场指数等因素挂钩，会影响运营补贴支出责任。在可行性缺口补助模式下，运营补贴支出责任受到使用者付费数额的影响，而使用者付费的多少因定价和调价机制而变化。在计算运营补贴支出数额时，应当充分考虑定价和调价机制的影响。

风险承担支出应充分考虑各类风险出现的概率和带来的支出责任,可采用比例法、情景分析法及概率法进行测算。如果 PPP 合同约定保险赔款的第一受益人为政府,则风险承担支出应为扣除该等风险赔款金额的净额。

比例法。在各类风险支出数额和概率难以进行准确测算的情况下,可以按照项目的全部建设成本和一定时期内的运营成本的一定比例确定风险承担支出。

情景分析法。在各类风险支出数额可以进行测算、但出现概率难以确定的情况下,可针对影响风险的各类事件和变量进行基本不利及最坏等情景假设,测算各类风险发生带来的风险承担支出。

概率法。在各类风险支出数额和发生概率均可进行测算的情况下,可将所有可变风险参数作为变量,根据概率分布函数,计算各种风险发生带来的风险承担支出。

配套投入支出责任应综合考虑政府将提供的其他配套投入总成本和社会资本方为此支付的费用。配套投入支出责任中的土地等实物投入或无形资产投入,应依法进行评估,合理确定价值。

二、物有所值能否作为 PPP 项目资产公允价值

为推动政府和社会资本合作项目物有所值评价工作规范有序开展,财政部立足国内实际,借鉴国际经验,2015 年制定了《PPP 物有所值评价指引(试行)》。[①] 物有所值(value for money,VfM)评价是判断是否采用 PPP 模式代替政府传统投资运营方式提供公共服务项目的一种评价方法。

物有所值定量评价是在假定采用 PPP 模式与政府传统投资方

---

① http://www.cpppc.org.

式产出绩效相同的前提下，通过对 PPP 项目全生命周期内政府方净成本的现值（PPP 值）与公共部门比较值（PSC 值）进行比较，判断 PPP 模式能否降低项目全生命周期成本。PPP 值可等同于 PPP 项目全生命周期内股权投资、运营补贴、风险承担和配套投入等各项财政支出责任的现值，参照《政府和社会资本合作项目财政承受能力论证指引》及有关规定测算。

公共部门比较值是以下三项成本的全生命周期现值之和：（1）参照项目的建设和运营维护净成本；（2）竞争性中立调整值；（3）项目全部风险成本。

参照项目可根据具体情况确定为：（1）假设政府采用现实可行的、最有效的传统投资方式实施的、与 PPP 项目产出相同的虚拟项目；（2）最近 5 年内，相同或相似地区采用政府传统投资方式实施的、与 PPP 项目产出相同或非常相似的项目。建设净成本主要包括参照项目设计、建造、升级、改造、大修等方面投入的现金以及固定资产、土地使用权等实物和无形资产的价值，并扣除参照项目全生命周期内产生的转让、租赁或处置资产所获的收益。运营维护净成本主要包括参照项目全生命周期内运营维护所需的原材料、设备、人工等成本，以及管理费用、销售费用和运营期财务费用等，并扣除假设参照项目与 PPP 项目付费机制相同情况下能够获得的使用者付费收入等。

竞争性中立调整值主要是采用政府传统投资方式比采用 PPP 模式实施项目少支出的费用，通常包括少支出的土地费用、行政审批费用、有关税费等。

项目全部风险成本包括可转移给社会资本的风险承担成本和政府自留风险的承担成本，参照《政府和社会资本合作项目财政承受能力论证指引》有关规定测算。

政府自留风险承担成本等同于 PPP 值中的全生命周期风险承担支出责任，两者在 PSC 值与 PPP 值比较时可对等扣除。

用于测算 PSC 值的折现率应与用于测算 PPP 值的折现率相同，参照《政府和社会资本合作项目财政承受能力论证指引》有关规定测算。

PPP 值小于或等于 PSC 值的，认定为通过定量评价；PPP 值大于 PSC 值的，认定为未通过定量评价。

PPP 项目会计初始计量时是否可以将物有所值定量评价方法中涉及的政府方的净成本现值作为 PPP 项目资产入账价值的依据，值得思考。从理论上讲，相比政府付费类型下 PPP 项目资产公允价值，物有所值更能反映 PPP 项目的经济特征。政府付费类型下 PPP 项目资产公允价值是一种着眼于未来的评估办法，其核心部分就是对于预期期限内的现金流进行折现，看重的是资产未来带来的收益。但是这类的价值预估方法存在局限，未来期间内收益的预估难度比较大，容易受到未来不可预见因素的影响。另外，项目本身的风险因素众多，不同项目可能存在自身特有的风险未能识别或者风险未能及时得到量化的问题。在不确定经济环境下，收益和风险的预期值都存在较大的偏差，收益现值法的计算结果主观因素比较大。

物有所值法的计量按目前我国 PPP 项目的现有规定，其风险价值估计是按经验设定，取值在工程造价的 2% ~20%，结果相差极大。一个 10 亿元项目的公共基础设施的 PPP 项目价值，其风险价值可以是 0.2 亿元，也可以是 2 亿元，相差竟然达 1.8 亿元。风险价值的计算，需要非常强大数据库及其各种各样 PPP 项目的经验值，而这在现实中不太可行。

尽管政府付费类型下 PPP 项目资产公允价值也存在不少缺点，但相对于物有所值法，更为会计界所接受。财务报告目标是为报表使用者提供决策的有用信息，一项 PPP 项目价值，按物有所值法计算，可能会产生 18% 的差异值，势必会误导财务报表使用者的决策，显然不符合会计的信息质量要求。

第四章

完善中国运营方PPP项目会计处理建议

一、关于 PPP 项目会计涉及范围

正如前面所述，PPP 项目关键特征是政府与社会资本合作从事公共基础设施建设，运营方组建项目公司来运营基础设施向社会提供公共服务并取得合理报酬。基础设施属于国家，产权通常不转移。政府与运营方通过签订 PPP 合同来明确各方权利义务关系。合同期限通常较长并不可撤销。运营方取得的仅仅是公共基础设施运营权利，合同期限满时无条件移交给政府。不管采取何种类型的 PPP 项目，不管以何种合法形式取得，只要符合这些特征的 PPP 项目都是 PPP 会计涉及的范围。凡是不符合这些特征的 PPP 项目，则除外。例如 BOT（建设—经营—转让）、TOT（转让—经营—转让）、ROT（改建—经营—转让）、DBFOT（设计—建设—融资—经营—转让）等，都是属于 PPP 会计核算对象，但 BOO（建设—拥有—经营）、BBO（购买—建设—拥有）等就不属于。

有些政府投资项目，委托社会资本来建设，建设完成后就移交给政府，例如代建（BT）项目，只要代理政府来建设基础设施，建设完成后就移交给政府，就不是 PPP 会计范围，因为这类项目并无运行内容，仅有工程建设过程。

有些 PPP 类型项目，既有特许经营权利又有租赁，例如 LBOT（租赁＋BOT），此时需区分租赁与特许经营权利，在项目公司中

应区分提供租赁的基础设施与 PPP 形式的基础设施，租赁部分应按租赁会计准则来核算，PPP 项目部分按相关会计规定来处理。

作为 PPP 项目会计范围的建议，可以以下列方式来表述：只要同时满足以下条件的特许经营服务协议，都是 PPP 会计所涉及范围：（1）授予人控制或者管制了运营方利用公共基础设施所提供的服务对象、内容和价格；（2）在服务期满时授予人通过所有者关系、利益授予或者其他方式控制了公共基础设施的任何重大剩余权益。本范围既包括了运营方建造或从第三方取得公共基础设施又包括了授予人把现存的基础设施提供给运营方使用。

以上第一个条件控制或管制是指通过合同或其他方式（如授予人）控制能力，包括授予人购买了所有产出而这些产出其他使用者是要花钱购买的。应用第一条件时应考虑授予人及所有相关方。如果授予人是政府，那么应把政府作为整体，包括法律制定者。本条件并不意味着授予人需要完全控制价格。授予人通过合同或管制控制公共服务的合理价或规定了最高限价即可。价格因素是合同的实质条件，应该是可实现的而非远期的。如果运营方自由定价，那么所有超额利润都应归授予人所有。限制价格是控制的一个重要条件。

第二个条件是控制或管制是指授予人限制了运营方出售或抵押公共基础设施，保证了授予人在整个协议期间持续控制公共基础设施能力。公共基础设施的剩余价值以当前价值评估确定。

控制与管理应做出区分。授予人保留了基础设施的控制权而经营方只代表授予人进行管理运营基础设施的权利。以上两个条件构成了授予人在经济寿命周期内控制了公共基础设施。运营方对基础设施的任何更新改造并非意味着拥有了部分权力，更不会改变授予人对基础设施剩余权益的控制。

在 PPP 项目中，有些项目的基础设施部分管制部分不管制。这些基础设施能独立发挥物理功能，此时应分开核算。非管制部分按相关准则来处理，管制部分按 PPP 会计来处理。但是，有些公共基础设施附带的纯粹意义上的辅助活动，则应作为受管制的公共基础设施整个来看待，不应单独核算。

二、关于 PPP 项目运营权确认建议

PPP 项目运营权利涉及的确认时点与归类问题。

运营方不应把 PPP 项目公共基础设施确认为自身财产，因为公共基础设施的控制权并未发生转移。运营方只是取得了公共基础设施的运营权利，并需按授予人的规定提供公共服务，运营方仅仅是提供公共服务的授予人代理方。运营方可能以建造或者提升方式取得了公共基础设施运营权利，此时的会计处理应按现有相关准则来处理。

如果运营方通过建造或提升公共基础设施来提供公共服务而能够从授予方那里取得收款权利，那么建议把这种权利确认为金融资产或无形资产。如果运营方能够从授予方那里取得无条件的收款权利或另一些金融资产权利，那么建议确认为金融资产。因为在这种情况下，授予方几乎没有任何权利以规避付款，法律上要求予以强制执行。运营方有无条件收取现金权利，是指授予方受 PPP 合同约束必须有一个明确的数额、具体日期保证支付给运营方，如有短缺需给予补偿。当运营方收到授予人授予的收费许可证书时建议确认为无形资产。取得收费许可证书并非是无条件收取现金的权利，因为该金额不确定，取决于运营方提供公共服务质量与水平。如果运营方取得的收款权利部分是金融部分是无形资产，那么建议分开核算。先把无条件收款部分确认金融资产，剩余部分确认为无形资产。

运营方在会计处理时应考虑 PPP 合同条款，因为后续处理与合同条款紧密相关。但是，以上两种类型资产在运营方建造或提

升期间都应先确认为合同资产。

运营方提供经营服务取得收入遵守收入准则来处理。根据 PPP 合同规定，在满期当运营方移交给授予方公共基础设施时需要维持公共服务能力，运营方就有了合同义务。维持或恢复公共基础设施能力的合同义务遵守现有相关准则来处理。通常，运营方借款费用应予费用化，除非该借款费用与取得收费许可权利直接相关。如果与运营方取得收费许可权利直接相关，借款费用则应予资本化。

三、关于 PPP 项目运营权计量建议

PPP 项目运营权利计量应结合 PPP 项目特征来确定。不同类型 PPP 项目，其来源授予方财政资金方式也不相同，PPP 项目入账价值应考虑到我国特征。对于政府付费项目来说，不管运营权利确认为金融资产还是无形资产，其初始入账的公允价值，建议参照政府付费计算模型来确定，其贴现率确定、建造成本认定、合理报酬率等因素都应按政府规定来评估。对于取得无条件收款权利的 PPP 项目，金融资产初始入账价值以政府规定的风险资本贴现加权来确定，对于收款金额不确定的 PPP 项目，无形资产初始入账价值以政府规定的合理报酬率、风险资本等因素加以评估确定。

PPP 项目运营权利后续计量，应遵守我国金融资产与无形资产相关规定来处理。合同报酬不确定的 PPP 项目，金额资产或无形资产未来价值变动是通过资产价值减值准备还是通过项目公司的收入或费用科目来反映应予明确，而这需要结合特许经营服务合同来确定。如果特许经营合同授予方付费每年是可变的不确定的，那么项目公司在每个资产负债表日应按新的信息对已确认的金融资产或无形资产进行调整，以如实反映资产的当前价值。运

营方应按相关准则对 PPP 项目进行处理。

四、完善 PPP 项目运营方信息披露建议

关于 PPP 项目会计信息披露，应考虑到所有影响特许服务合同的因素，凡是影响到授予人、投资者、运营方、社会消费者等信息，都应当在财务报告附注中予以披露。运营方与授予方在每个会计期间内应披露 PPP 项目以下内容：（1）PPP 项目协议主要内容；（2）影响 PPP 项目未来现金流量的金额、时间与不确定的重大条款（包括特许服务期间、重新定价日与基础等）；（3）PPP 项目资产与义务的性质和范围；（4）协议变更条件；（5）特许服务协议分类；（6）运营方每个会计期间内收入与损益金额，每个特许服务协议、每类服务安排应单独披露；（7）PPP 项目公司信息披露与绩效考核；（8）政府承诺内容、范围与时间要求；（9）政府接管条件与方式；（10）PPP 项目资产移交条件、补偿标准；（11）合同终止、合同到期续展条件；等等。

第五章

PPP项目授予方会计研究

第一节　PPP项目授予方会计处理国际比较

一、美国政府会计准则委员会第60号公告——特许服务协议会计和财务报告

2010年11月，美国政府会计准则委员会公布了第60号公告——特许服务协议会计和财务报告。① 这项公告涉及特许服务协议会计处理。特许服务协议是一种公私合作伙伴关系协议。公私伙伴关系，指各种服务安排、管理安排和特许服务协议。特许服务协议的条款，包括运营方基于基建或其他公共资产的建造、经营及获取收费权利而向政府付款，规定政府与运营方在特许服务安排期间的收入分享等。由于种种原因，从政府角度来看，加入特许服务协议可能会有好处。特许服务协议可以使政府有能力利用现有的基础设施和其他公共资产，给予运营方经营这些资产的权利并从运营方收取预付款来获得额外的可用资源，以便经营此类资产的权利。特许服务协议可用于促进新基础设施和其他公共资产的建设和融资，并将与其建造和维护相关的风险转移给社

---

① https：//www.gasb.org，Statement No.60：Accounting and Financial Reporting for Service Concession Arrangements，2010.

会资本。与基础设施或其他公共资产的建设、融资和运营有关的风险往往由政府和私营部门实体分担。特许服务协议可用于以更有效率和更具成本效益的方式向普通民众提供服务。PPP 项目会计和财务报告涉及的问题主要有：财务报表要素、信息披露方式、政府对基础设施和其他公共资产的责任、提供的服务成本等。本公告的目的是通过解决与特许服务协议相关的问题来改进财务报告。这将提高报告这些类型安排的一致性，从而提高国家与地方政府之间此类安排的会计和财务报告可比性。

（一）本公告适用范围

本公告为 PPP 项目会计处理和财务报告提供指导。特许服务协议是政府（授予方）和运营方之间的一种安排，其中满足以下所有安排：授予人向运营方提供经营资本资产（在本公告中称为"设施"），运营方提供公共服务的权利和相关义务，以换取重大利益，如预付款、分期付款、新设施，或现有设施的改进；运营方收取和补偿第三方的费用；授予人决定或有能力修改或批准运营方需要提供的服务，要求运营方向其提供服务，以及确定服务收费价格或费率。

运营方可以是政府实体（政府运营方）或非政府实体。运营方包括政府和非政府实体。政府运营方仅包括政府实体。这些服务涉及设施的主要功能（例如经营城市动物园）而不是与设施一起运作的辅助服务（如在城市动物园经营纪念品商店）。本公告的范围不包括代理关系（即一个运营方接受第三方付款的安排，并将这些款项转交给授予人）。授予人有权在安排结束时对该设施的服务效用享有重大剩余权益。特许服务协议包括但不限于：运营方将设计和建造一个设施并获得从第三方收取费用的权利（例如，建造一个城市综合设施以将一部分设施租赁给第三方）；运营方将支付费用以换取进入现有设施（如停车场）的权利，并从第三方收取费用权利；运营方将为授予人设计和建造一个设施（例如，一个新的收费通道），为建设费用提供资金，提供相关的服务，收取相关的费用，并在安排结束时向政府移送该设施。

如果与特许服务协议有关的设施是现有设施，授予人应继续将该设施作为资本资产报告。如果与特许服务协议有关的设施是由运营方购买或建造的新设施，或运营方已改进的现有设施，则（a）当它被移交给项目公司时授予人应将新设施或改进作为资本资产以公允价值报告，（b）任何合同义务作为负债以及（c）相应的递延资源流入，即（a）和（b）之间的差额。

授予人应确认承担特许服务安排而必须牺牲财政资源的某些义务。如果合同义务重大并且符合下列任一项标准，则与特许服务协议有关的负债应按其现值记录：（a）合同义务直接涉及设施（例如资本改善、保险或设施维护的义务）。这项义务可能涉及设施的所有权或者来自授予人的责任，以确保该设施仍然适合该安排的特定目的。（b）合同义务涉及授予人做出的承诺，即维持与设施运作有关的最低或特定水平的服务（如为该设施提供特定级别的警戒和紧急服务或为设施周围的地区提供最低程度的维护）。

在初始计量后，资本资产折旧、减值和披露按现有要求处理。但是，如果该安排要求运营方将该设施归还其原有或增强条件的授予人，资本资产不应贬值，应减少相应的递延资金流入，并在安排开始运作时，以系统和合理的方式确认收入。如果记录责任以反映牺牲财政资源的合同义务，则应减少责任，因为转让方的义务得到满足。当债务得到清偿时，应报告资源的递延流入，并在安排的剩余期限内以系统和合理的方式确认相关收入。在特许服务协议的期限内，运营方对设施改进应资本化，因为它们是被制造并且也要遵循折旧、减损和披露的规定。

如果特许服务协议要求运营方预付或分期付款，授予人应报告（a）分期付款现值或预付款作为资产，（b）任何合同义务作为负债，以及（c）有关的资源递延流入等于（a）和（b）之间的差额。在资源递延流入减少时，应被确认收入。这项收入应在安排期限内以系统和合理的方式予以确认。如果授予人履行合同义务不符合规定，则应确认赔偿责任。

政府运营方应报告一项无形资产，以获取该设施的权利，并从其运营成本中收取第三方费用（如预付款金额或建造或改进设施的成本）。在特许服务协议期间，政府运营方对设施改进成本应该提高政府运营方的无形资产，如果改进提高了设施的能力或效率，则应增加政府运营方的无形资产。无形资产应以系统合理的方式在安排期限内摊销。有些协定要求在特定条件下归还设施。如果政府运营方明显或已知的公开信息表明，该设施不在规定的条件下并且将该设施恢复到该条件的成本是合理可估的，则应报告赔偿责任。赔偿责任通常是恢复设施的费用。政府运营方不需要执行额外的程序来查明潜在缺陷，这些缺陷超出了那些已经作为其正常运作的一部分或协议可能的需要。

（二）收入处理

一些协议包括了收入分摊的规定。与授予人分享收入的政府运营方应当报告所有所得收入和支出，包括与该设施的运作有关的与授予人分享的收入数额。在这种情况下，授予人应当只根据分摊条款的要求确认其共同收入的一部分。如果收入分摊安排中包含支付给授予人的数额而不包括赚取的收入（如固定金额的年度分期付款），那么这些金额的现值应由授予方和政府运营方报告。

（三）与特许服务协议有关的披露

应在授予方和政府运营方财务报表附注中披露下列资料：（1）在本报告所述期间有效安排的一般说明，包括管理层进入该安排的目标、在施工期间项目的状况；（2）财务报表中确认与特许服务协议有关资产、负债和递延资金流入的性质和数额；（3）根据该安排，授予人保留的或授予政府运营方的权利的性质和范围。

有些安排可能包括担保和承诺的规定。例如，授予人在出现违约时，可能会负有支付运营方责任，或者该安排可能包括对运营方的最低收入担保。在保证或承诺存在的每一个期间应披露担保和承诺，包括确认、期限和重大合同条款的担保或承诺。政府应在财务报表附注中列明相关信息。多项安排的披露信息可以单独提供，也可以集中在那些涉及类似设施和风险的信息中合并提供。

（四）本公告背景

政府和私人实体或其他政府之间的协议，有时被称为公私合作或公共合作伙伴关系，已变得越来越普遍，因为各国政府寻求更有效和更具成本效益的替代方式为其选民提供服务。这些安排往往导致政府转移现有的或新建造的设施，并有义务向外部主体提供某些服务。适用于这些安排的现有指南包括租赁会计规定、州与地方政府租赁协议的会计和财务报告原则以及美国政府会计准则第 14 号财务报告主体中所述的财务报告实体条款；财务报表实体，由美国政府会计准则第 39 号——确定某些组织是否属于复合单元——美国政府会计准则第 14 号修改，确定某些组织是否是组成单位。政府已经询问了这些标准是否充分解决了已经形成或已经探索的各种公私合作伙伴关系。政府会计准则咨询委员会（GASAC）于 2006 年 7 月讨论了这一问题。这个潜在项目得到了政府会计准则咨询委员会的大力支持。由于需要其他的指导和来自政府会计准则咨询委员会的反馈，2006 年 8 月在美国政府会计准则委员会的研究议程中加入了一项关于公私伙伴关系的项目。

国际公共部门会计准则委员会在 2006 年 11 月增加了一项关

于服务特许安排的项目，它也是一种公私合作伙伴关系。由于对这一问题的共同关注，国际公共部门会计准则委员会和美国政府会计准则委员会的工作人员共同研究了世界各地使用公私伙伴关系的性质和程度，以及与这些安排相关的潜在会计和财务报告问题。美国政府会计准则委员会员工还担任了国际公共部门会计准则委员会项目的牵头人，直到 2008 年 3 月，国际公共部门会计准则委员会咨询文件、会计和财务报告服务特许安排才印发。基于研究结果和进一步的政府会计准则咨询委员会反馈，该项目于 2008 年 4 月移至美国政府会计准则委员会的当前议程，并于 2008 年 5 月开始审议。成立了一个专责小组，由 15 名代表美国政府会计准则委员会选区的人组成。专责小组成员审议并评论了为委员会审议和本发言草稿编写的文件。2009 年 6 月，审计委员会印发了关于特许服务协议的公开草稿、会计和财务报告。审计委员会收到了 26 份对征求意见稿的答复。委员会根据收到的意见重新考虑某些问题，导致对 2009 年 6 月的征求意见草案进行了若干修改。因此，董事会决定发布修订后的征求意见稿，为选民提供进一步研究这些问题的机会。组织和个人对征求意见稿做出的评论和建议促成了委员会对这些问题的再度审议。

委员会于 2010 年 6 月发布了一项修订的征求意见稿、会计和财务报告，以提供服务特许安排处理。委员会收到 22 份对修订后的征求意见稿的答复。对修订后的征求意见稿作出回应的组织和个人的意见和建议也有助于委员会审议，最后确定此公告。

（五）本公告结论基础

公私合作伙伴关系一词适用于授予人与运营方之间的各种安排，其中可能包括下列一种或多种情况：运营方向授予人或第三方提供直接服务或管理服务（如向政府提供保洁服务的合同或为合格人员提供咨询服务的合同）。运营方被授予与基础设施或其他公共资产相结合的特许经营权（如在城市公园出售食品和饮料的特许权）。运营方设计、建造和资助设施的建设，如监狱、医院或公路。运营方经营和维护设施，如监狱、医院或公路。运营方不拥有设施的所有权。

在考虑本项目的初始范围时，委员会将PPP视为安排运营方在特定时间内提供服务的安排。项目范围首先缩小，重点放在有利于公众的服务上，而不是造福于政府本身。例如，如果要求政府提供废物管理服务并订立一项安排，使运营方有义务向市民提供这些服务，则该安排被认为是在项目范围内；运营方为政府办公室提供清洁服务的安排将被视为服务和管理安排（SMA）。如最初修改，委员会在项目的范围内列入了得出这个报告的所有社会资本合作项目，该项服务使一般公众受益于某一特定时间段的运营方。

2009年6月《征集意见稿》的受访者指出，政府可以将商标、执照或标语的使用权转让给另一缔约方，特别是在国家彩票方面。审计委员会承认，应将无形资产列入本公告的范围并增加了提供解释的措辞。由于委员会评估了一些可能被认为是PPP的安排的性质和各种情况下可能的会计规定，它确定了第三方只为政府设计和建造资本资产的安排、供应商安排、服务和管理安排，政府（而非使用者）向运营方支付服务的安排。服务者和私有化不应包含在本公告的范围内。

1. 第三方设计和建造资本资产安排

采用传统的采购方式，分别对设计和施工要素进行投标。建筑工程的设计和施工两方面都是由第三方承包。为取得服务（建造）而订立的设计及建造安排；服务不是向公众提供的而是向政府本身提供的。因此，委员会的结论是这些安排不应列入本准则的范围。现有的资本资产处理准则足以为这些交易提供指导。一些受访者质疑该标准的范围是否意味着包括政府与供应商签订合同使用公共资产提供辅助服务的安排，例如，供应商使用体育场作为销售食品或纪念品的场所。受访者还关注使用特许权条款来描述这一公告的目标是 PPP，因为这一用语通常与供应商合同有关。审计委员会承认，虽然这些类型的供应商合同可以被视为 PPP，但现有的会计准则对这些合同是足够的，并得出结论认为，这些类型的安排应排除在本公告的范围之外。委员会还认识到有必要澄清这一准则的范围，以更明确地排除与设施一起运作而不是与设施本身的主要功能有关的辅助服务。

在一项服务合同中，政府与一个单独的实体签订合同，以供其在其他方面提供服务。例如，政府可以与另一实体签订服务合同，以便对城市街道和人行道进行清扫和除雪。这些服务通常由独立实体按照政府的要求执行。管理合同是在服务合同上建立的，它将提供服务的管理职责与单独的实体相结合。鉴于前面的示例，与服务合同相比，管理合同将使单独的实体负责与服务运作相关的管理职能，除城市街道的清扫和除雪外，还包括比如雇用员工，与其他供应商沟通，并准备与服务运作有关的预算信息。在这两种情况下，政府与独立实体的关系类似于买方和供应商，而这些安排通常是短期的。提供服务的风险和责任在很大程度上仍由政府承担。这些安排可以称为外包或外包服务。这些安排可能涉及或不涉及设施的使用。此外，政府可以直接补偿供应商提供的服务，或者政府可以通过允许供应商对所提供的服务收取和留存全部或部分费用来补偿供应商。审计委员会认识到，服务和管理安排的核算不是一个主要问题。现有的费用处理准则已足够满足这些需求，因为这些类型的安排核算可以类似于对供应商或服务合同的核算。服务和管理安排的潜在问题是，是否必须通过披露政府所从事的服务和管理安排来了解财务报表的使用者。委员会关注的是可能会造成繁重的披露。由于一些政府有大量的服务和管理安排，有披露要求安排数量可能会很大。因此，财务报表的使用者可能会被大量的信息淹没，这些信息可能很少或根本没有决策效用，而且可能掩盖了他们对财务报表进行理解所必需的信息。由于审计委员会不知道是否有必要单独规范与服务和管理安排有关附加披露的相关环节，审计委员会认为应将服务和管理安排排除在本公告的范围之外。

2. 授予方向运营者付费的安排

有的 PPP 安排属于由运营者建造和运营公共基础设施，运营者从授予方处获得报酬。对于这类安排的会计指南，委员会表示，不论付款是否明确区分建造部分和运营部分，这一安排实际上就是包括这两部分。因此，在这一安排下的报酬支付要区分为建造和运营两部分，有利于按照其各自的本质进行会计处理。建造部分的支付应该被报告为在建工程，建造完成后应报告为固定资产，按照现行的固定资产进行处理即可。运营部分是服务和管理安排，这部分的支付应该被确认为费用。现存的会计准则能够处理这类 PPP 安排，因此本公告将其排除在外。

私有化是指授予方通过出售固定资产或服务，将其永久的转让给运营者。授予方通过转让资产或服务将不再承担相应的责任（除了保有一些监管权）。通过出售资产或服务而达到私有化应当被报告为出售或转让固定资产。现有的租赁会计准则和出售、转让资本资产的规定足以为这类交易提供指导。因此，委员会也将私有化排除在本公告的考虑范围。

本准则所提及的 PPP 安排一般是指政府和私营部门实体之间的安排。然而，类似的安排还可能发生在政府和政府部门之间。不管运营者是私营部门还是政府部门，对于授予方也即政府部门的会计和财务报告方式并不会有影响。由于政府有时也会作为运营者参与 PPP，因此这种情况将包含在本公告的研究中。

在国际公共部门会计准则委员会的咨询文件中提出的控制标准能够为制定范围提供基础。这一标准本质上是控制：（1）运营者被要求提供何种服务；（2）向谁提供服务；（3）服务如何收费；（4）协议期满保留有关基础设施服务效用的重大剩余收益。在协议期间对基础设施提供服务的控制和在协议期满对基础设施的控制确保了在特许服务协议安排期间和以后对基础设施公共利用的目的。在2009年6月，披露草案指出授予方在满足以下某一条件时被认为是控制基础设施：（1）授予方有权决定以下事项：运营者提供服务的类型；运营者向谁提供服务；服务如何收费。（2）授予方拥有所有权或重大剩余收益。

有些人考虑披露草案中控制标准所用的规制一词的恰当性。他们认为政府承担监管的角色能够确保其总是在某种程度上对服务、客户、价格等进行干涉。基于此，委员会将监管替换为有能力修正或认可。该披露草案也考虑了只满足某些控制标准时的会计处理。如果控制标准未满足，2009年6月的披露草案建议授予方不报告基础设施，同时在安排开始时报告与基础设施相关的损益以反映将基础设施转让给运营者。但是有些委员会并不同意这种立即确认全部损益的会计处理方式。综合了各方建议之后，委员会认为在安排中授予方保留控制权和控制权转移给运营者是不同的，标准的范围应该不包括授予方不掌握控制权的情况。委员会认为这种情况一般是参照现行的租赁会计准则来处理。

运营者对授予方的条款并不是确定一项安排是否在本公告范围内的因素。委员会认为授予方通过 PPP 安排允许运营者提供公共服务，主要是为了减少未来的成本而非为了获得运营者的收款。由于运营者没有提供成本费用，委员会认为这些安排构成了服务和管理安排而非特许服务协议，也被排除在本公告考虑范围内。为了更好地区分，委员会认为支出应当被包含在公告范围内。

授予方拥有基础设施服务效用的重大剩余收益权，是区分私有化和特许服务协议安排的重要标准。剩余收益标准同样也能被用来区分特许服务协议和监管安排（政府仅对基础设施的某些方面进行监管），在后面一种安排下，运营者控制着基础设施全生命周期的使用权。在大多数情况下，特许服务协议安排中授予方控制着基础设施的重大剩余收益，因为一般规定运营者在项目期满以良好的状态归还基础设施。有些安排并未规定设施归还时的状态，但是对运营者提出的维护要求也在一定程度上保证了特许服务协议期满时的基础设施状态。

在特许服务协议安排下，一般要求在安排期末基础设施还有重大的服务效用，这也表明还存在服务潜力或经济利益，因而存在重大剩余权益。剩余权益是否重大，应该基于基础设施的服务效用来评估，而非基于公允价值。委员会认为由于安排期限很长，公允价值可能会导致评估的剩余权益并不重大，即使此时基础设施仍有重大的服务效用。

3. 财政资金会计和财务报告

委员会认为政府基金会计和财务报告应该排除在本公告的考虑范围。对于特许服务协议安排中的一些概念，如报告固定资产、剩余权益、收入分享等，现有的政府性基金处理已经十分明晰。固定资产在政府基金报告中被报告为支出（expenditure），因此当固定资产成为特许服务协议安排的基础资产时，政府无须报告额外的支出。

政府收到的分期付款或预付款项在政府基金财务报告中应如何处理，目前有多种解释。然而，委员会目前正在考虑利用现有的财务准则来解决确认和计量问题，因此不打算为其制定新的指南。委员会认为为分期付款和预付款项提供准确的会计指南并未成熟。直到新的指南出台之前，政府应当遵循会计准则委员会第22号——会计政策披露进行相关处理。

政府基金报告中的关于政府运营者的支出也被排除在本公告的考虑范围外。美国政府会计准则委员会认为，政府运营者的安排将按照美国政府会计准则第34号——基本财务报告来处理，因为定价机制使其向第三方收取的费用能够抵偿其成本，包括资本成本。一旦满足了这一标准，政府运营者应当将特许服务协议活动报告在基金报告中。

4. 授予方对于基础设施的会计处理

当现存的基础设施成为特许服务协议安排的资产时，委员会认为应当继续由授予方报告为固定资产。成为特许服务协议安排的资产并使得运营者有权运营该资产，并不能改变资产当前的账面价值。委员会认为运营者有权使用基础设施，并可能因此对授予方付款，但这并不能对授予方控制该设施造成影响，因此也不构成出售基础设施的情形。此外，也没有交易或事项表明基础设施的剩余服务潜力受到影响。对于那些由运营者建造的或维护修订的基础设施，委员会认为授予方应当以其公允价值列报。授予方购买的固定资产以其历史成本列报。本公告范围内所涉及的基础设施，授予方并不承担获取该基础设施的成本，运营者从使用者那里收取的费用能够覆盖其建造、维护、运营的成本。委员会认为基础设施的公允价值能够表示授予方如果建造该基础设施所应该的支付。

委员会认为授予方不应当将运营者改造基础设施的全部费用资本化，而应当仅就那些能够提高基础资产服务潜力或服务年限的费用资本化。委员会参照了 34 号说明——基础设施改善相似的说法，提高基础设施的服务潜力和效能并非仅是保持其使用寿命。授予方应该在修订改造完成后增加该基础设施的公允价值，并减去相关负债后列报。委员会不建议授予方在资产建造期间或修订改造期间报告基础设施。因为授予方并不能在建造期准确估计其公允价值，同时这期间估计的公允价值对于财务报告使用者来说并没有太大意义。但是对于这一建议，有一些人反对意见。反对者认为授予方不报告任何在建工程，这种行为具有误导性。他们认为授予方应当是能够取得建造期间基础设施的相关情况。

委员会认为国际公共部门会计准则委员会将会在其披露草案：特许服务安排—要求授予方在建造期间确认和计量在建工程项目。不过，委员会仍认为追踪建造期间或修订改造基础设施的成本需要耗费很大成本。因此，委员会并未在本公告中详细阐述此种情况。

运营方被要求在安排期满以规定状态返还基础设施（一般情况下所谓的规定状态是指基础设施的初始状态），此时在安排期间授予方是否需要对固定资产提折旧等。委员会认为，由于运营者是以初始状态归还基础设施，因此授予方并不需要计提折旧。通过折旧来降低基础设施的账面价值是不恰当的，授予方并不承担其运营期间的折旧问题。因此委员会认为在该种安排下，授予方不应当在安排期间对基础设施计提折旧。

5. 授予方对预付款项或分期付款额的会计处理

2009 年 6 月的披露草案指出，将授予方收到的或将收到的预付款项以现值确认为负债。这满足公告第 4 号财务报告要素——负债的定义：负债是能够导致资源流出的现时义务，而政府几乎没有可能避免这一义务。委员会认为这些支付构成一项义务，因为授予方已经牺牲了一些经济资源或其他使用特许服务协议中基础设施的权利，需要为此积极履行合同义务。也有一些反对者引用公告第 4 号中提到的递延流入资源。因此，委员会认为授予方收到的预付款项或分期付款的现值应该被报告为递延流入的资源。分期付款的现值应该被报告为递延流入的资源，因为它面向的是安排的整个期间，这适用于未来报告期而非资源流出的现时义务。委员会担心如果全部确认为负债可能会误导政府财务报告的使用者。授予方有义务给予运营者接触基础设施的一定权利，这一义务的价值不会随着运营者收到报酬的数额而变化。因此，基础设施的公允价值或定期支付的现值并未体现这一义务。委员会未能找到一种合理的、有用的方式来计量这一义务。委员会认为授予方应该将收到的预付款项或分期付款确认为收入，递延流入的资源和收入的确认应当在允许进入和使用基础设施中适当区分。由于特许服务协议安排的多样性，委员会认为选择适当的摊销方式需要职业判断。

授予方有明确的合同性义务，就应当确认相应的负债。由于授予方同意这些条件，因此，由运营方向授予方支付或将要支付的金额在逐渐增加。因此，授予方会专门补偿这些义务，就应该确认负债。政府部门参与特许服务协议安排会导致增加相应的对运营者的义务，这些义务应当被确认为负债。对于何种合同性义务会被确认为负债，委员会提出了两条标准。满足其中之一的合同性义务就会被确认为负债。第一条标准是与基础设施直接相关的合同性义务（如能够资本化的修订维护等），这种合同性义务与基础设施的所有权有关，授予方要确保基础设施维持良好的状态以便提供公共服务。委员会认为运营者将补偿授予方的这项义务，因为它是运营者在该安排下本应做出的资源牺牲。因此，为了满足这一标准，这一合同性义务应当与基础设施直接相关（如特许服务协议安排的基础设施是停车场，那么对于停车场周围的道路的维护则不满足该标准）。

第二条标准涉及授予方就设施的运行维持最低或特定服务水平的承诺。由于同意提供特定级别的服务，授予方牺牲了其在选择提供何种服务上的自由裁量权。然而，大多数情况下并不确认负债。授予方对于提供某种特定水平服务的承诺表明其已经放弃其自由裁量权。如果授予方能够决定提供何种水平的服务，那么则不应该确认相应的负债。相反，如果授予方做出了提供特定水平服务的承诺，就应该报告负债。委员会认为，运营者已对授予方同意提供特定级别的服务进行补偿，因为这些服务使基础设施更有价值，本条标准并不仅涉及基础设施本身，也与相关服务以及基础设施的运营相关。

171

委员会认为，披露草案并没有明确规定当授予方满足资本化支出时应当何时确认收入。为了解决这一问题，委员会提出了两个建议：（1）在资本支出完成后确认全部收入；（2）在资本支出完成后的剩余安排期间以一种系统化的合理的方式分摊递延收入。委员会认为第二种方式更加合理，因为其与报表中处理资本化资产、修订改造资产以及预付款和分期付款等是保持一致的。

分期付款被看作运营者为了能够使用基础设施而向授予方的支付。运营方还可能被要求向授予方付款，作为收入分成安排的一部分，这将取决于从基础设施中获得的收入数额、所服务的客户数量或其他变量等。这两种安排都是关于运营者向授予方付费，他们的区别是支付的确定性。分期付款是预先确定的，但是收入分享则取决于多种不确定性。委员会认为，分期付款应在安排开始时确认为资产。在安排过程中，应以系统和理性的方式确认收入，而或有收入分享付款应由授予方根据安排的条款，在相关支付事项发生时确认为收入。

6. 政府运营者的会计处理

政府运营者应当在成本发生时确认一项无形资产。其成本既不是预付款也不是分期付款的现值，也不是建造基础设施的费用或修订改造的费用。对于现有的设施，预付款或分期付款直接换取使用基础设施的权利，因此在目前的财务报告模式中没有其他的衡量依据。交换新建或改进的基础设施从而获得使用基础设施的权利，可以看作一项非货币资产交换，并以公允价值计量（例如政府运营方新建或改进基础设施的成本）。由于新建或改进基础设施实际中更复杂，因此，委员会决定，以公允价值确认无形资产并报告由于重估而产生的相关损益是不适当的。

政府运营者的无形资产虽然与资本资产有一定关系，但不属于美国政府会计准则第 51 号公告——无形资产会计和财务报告。美国政府会计准则第 51 号公告——无形资产的会计和财务报告不包括那些满足无形资产的定义，而主要是为了获得直接的收入或利润的无形资产。委员会认为政府运营者的无形资产就满足这一例外。因此，需要用新的指南来为后期的报告提供指导。委员会建议无形资产以一种系统合理的方式进行摊销，对于摊销期限的选择则需要职业判断。由于该无形资产不符合第51号公告的范围，委员会认为其应当被报告在资本资产之外。美国政府会计准则标准对于具体资产和负债的分类并没有很明确的规定。委员会认为应参照现有资料，同时应考虑与其他资产同样适用的分类模式。

委员会认识到，要求政府运营者在规定的条件下归还该设施的特许服务协议安排，可能使政府运营者产生一项负债。因此，基础设施当前条件和规定条件之间的任何缺陷都需要在基础设施返回之前进行补救。将基础设施恢复到规定条件的估计费用符合负债的定义，出于成本效益考虑，委员会决定不要求政府运营者仅为财务报告目的就该基础设施是否规定条件而进行评估。只有当政府运营者在管理该基础设施时有信息表明该设施的状态低于规定水平时，才应计量该负债，同时只有在能够合理估计将设施恢复到特定条件水平所需的金额时，才应确认该负债。委员会也指出，对于那些能够增加基础设施服务能力的改造应当确认为费用。

7. 收入分享计划

委员会在2009年的披露草案中指出，由转让者还是政府运营者报告收入和费用取决于哪一方对服务负责。在大多数情况下，是运营者对服务负责。但是如果运营者只能保留每个顾客的固定百分比收入，那么其只承担有限的财务风险。这种情况下，运营者仅相当于一个代理者的身份，应当由授予方来报告与服务相关的收入和费用。一些人认为由授予方报告全部的收入和费用是不恰当的，因为是运营者在提供服务并向第三方收取费用。在多数情况下，授予方收取的费用是由于其给予运营者使用基础资产提供服务的权力，因此，授予方不应当报告全部的收入和费用。委员会认为运营者作为授予方的代理人的情况，应被排除在公告的范围之外。

委员会认为，不需要制定关于担保和承诺的具体指导，因为美国财务会计准则委员会第 5 号公告——或有事项会计处理中的现行规定充分说明了特许服务协议安排中担保和承诺的会计处理及披露。美国财务会计准则委员会第 5 号公告——或有事项会计处理中的准则适用于确定授予方的财务报表中的担保或承诺，而本公告所要求的披露将为财务报表使用者提供有关承诺或担保的适当信息。

二、国际公共部门会计准则理事会第 32 号——特许服务协议安排授予方

2011 年 10 月，国际公共部门会计准则理事会发布了"国际公共部门会计准则第 32 号——特许服务协议安排授予方"会计公告。① 本公告目标是用来规范作为公共实体部门授予人签订的特许服务协议安排。

（一）范围

编制和提供财务报表的实体若适用权责发生制应遵从本标准来核算特许服务协议安排。本标准适用于政府国有企业以外的所有公共部门实体。国际公共部门会计准则理事会（IPSASB）颁布的国际公共部门会计准则序言指出，政府国有企业（GBEs）适用

---

① http：//www.ifac.org, IPSAS 32：Service Concession Arrangements：Grantor, 2011.

于国际会计准则（IFRSs），该准则由国际会计准则理事（IASB）会制定。在《公共部门会计准则（IPSAS）》第一章"介绍财务报表"中给出了政府国有企业的定义。本标准范围内的安排涉及代表授权人的运营方，改为运营方提供与特许服务权资产相关的公共服务。本标准范围以外的安排是那些指不被授权者控制其资产的公共服务或者安排。（如外包、服务合同或私有化）。本标准没有具体说明运营方应该如何核算（对服务特许经营权的相关会计指引，可以在有关国际或者国家会计准则中找到）。

（二）定义

约束性安排，就本标准而言，即为合同和其他安排赋予了合同双方相似的权利和义务，如同合同形式一样。

授权人，就本标准而言，是授予运营方使用特许服务权资产的实体。

运营方，就本标准而言，运营方是指使用特许服务权资产提供公共服务的实体，该资产受授予人控制。

特许服务协议安排是授予人与运营方之间的具有约束力的安排。在该安排中，运营方使用特许服务权资产在规定的时间内代表授予人提供公共服务；运营方在服务特许权安排期间对其服务进行补偿。

特许服务资产是为服务特许安排中提供公共服务的资产。其中，运营方提供的是由其构建、开发或从第三方获得资产；是运营方的现有资产；由授权人提供资产是授权人的现有资产；升级授权人的现有资产得来的资产。

在本标准中使用的其他国际公共部门会计准则中定义的术语具有与这些标准中相同的含义，并在单独出版的定义术语词汇表中进行了复述。

（三）特许服务资产的确认和计量

在下列情况下，授予人应确认运营方提供的资产以及对授予人现有资产的升级作为特许服务经营资产：授予人控制或管理运营人必须提供的资产，必须向其提供的资产以及以什么价格提供；授予人通过所有权，受益权或其他方式，控制该安排期末资产的任何重大剩余权益。授予人应当按照公允价值初始计量确认的特许服务权资产。授予人应将现有资产重新分类为特许服务权资产。重新分类的服务特许资产应根据国际公共部门会计准则第17号——物业、厂房和设备或国际公共部门会计准则第31号——无形资产（视情况而定）进行核算。在初步确认或重新分类后，特许服务权资产应根据国际公共部门会计准则第17号——物业、厂房和设备或国际公共部门会计准则第31号——无形资产作为单独的资产类别入账。

（四）确认和计量负债

如果授予人确认特许服务权资产，授予人还应确认其负债。授予人将现有资产重新分类为服务特许经营资产时，不得承担责任，但经营人提供额外补偿的情况除外。初始确认的负债金额与初始计量的特许服务资产金额相同，并根据授予人向经营人或者运营人给授予人的任何其他代价（如现金）的金额进行调整。确认负债的性质基于授予人与运营人之间交换的代价的性质。授予人给经营人的代价的性质是参照约束力安排的条款以及相关的合同法来确定。

作为特许服务资产的交换，授予人可以通过以下任何组合作为运营方特许服务资产的补偿：向运营方付款（金融负债模式）；通过其他方式补偿运营方（授予模式），如授予运营方从特许服务资产的第三方用户获得收益的权利；授予运营方使用另一项创收资产以供运营方使用（如授予人使用的治疗公共病人医院的其余私人部分，或者是毗邻公共设施的私人停车设施）。

1. 金融负债模式

如果授予人有无条件责任，向经营人支付现金或其他金融资产以用于建造、开发、收购或升级服务特许经营资产，则授予人应确认为金融负债。如果授予人在给运营方支付保证承诺的情况下，授予人承担无条件支付现金责任：指定或可确定的金额；运营方从公共服务使用者收到的款额与任何特定或可确定数额之间的差额（如有的话），且付款取决于运营商是否能确保服务特许资产符合指定的质量或效率要求。国际公共部门会计准则第 28 号——金融工具——列报、国际公共部门会计准则第 29 号——金融工具——确认和计量以及国际公共部门会计准则第 30 号——金融工具——披露的终止确认，适用于金融负债。

授予人应根据实质内容向运营人分配付款，并根据其实质作为减少确认为负债、财务费用和运营人提供的服务收费。根据确定的支付给运营方在服务特许经营安排中提供服务的财务费用和收费应作为费用入账。如果服务特许权安排的资产和服务可单独识别，则授予人向经营人支付的服务部分应参照特许服务权资产和服务的相对公允价值进行分配。在资产和服务组成部分不能单独识别的情况下，使用估算技术确定授予人向运营人付款的服务部分。

2. 授权模式

如果授予人没有无条件责任向营运者支付现金或其他金融资产以用于建设、开发、收购或升级特许服务资产，并且授予运营方从第三方用户获得收益的权利或另一项创收资产，授予人则应将确认的负债确认为授予人与经营人之间交换资产产生收入的未实现部分。授予人应根据服务特许权安排的经济实质确认收入和减少负债，负债减少确认为收入。

如果授予人通过授予运营方从特许服务资产或另一项创收资产的第三方用户赚取收入的权利，作为运营方的特许经营资产和提供服务的补偿，交换将被视为产生收入的交易。因为授予运营方的权利在特许服务经营安排期间一直有效，因此授予人不应立即确认收入。相反，对于尚未获得收入的任何部分应当确认负债。收入根据服务特许经营安排的经济实质确认，而负债随着收入的确认而减少。

如果授予人支付特许服务经营资产的建设、开发、收购或升级部分而产生了负债，部分是由于授予了运营方的权利，因此有必要对全部责任的每一部分进行确认和核算。最初确认的全部负债的数额应规定的数额相同。授予人应根据对每一部分责任分别进行核算。

其他收入。根据国际公共部门会计准则第 9 号——交易收入，授予人应对服务特许权安排的收入进行会计处理。

（五）披露

授予人应按照公共部门会计准则规定提供信息。在确定披露适当性时应考虑服务特许权安排的所有方面。授予人应在每个报告期内披露以下有关服务特许安排的信息：安排说明；该安排的重要条款可能影响未来现金流量的数量、时间和确定性（如特许期限、重新定价日期以及确定重新定价或重新谈判的基础）；性质和范围（如数量、时间或数量）；使用指定资产的权利；运营方提供有关服务特许权安排的特定服务；在报告期内确认为资产的特许服务资产，包括授予人的现有资产重新分类为特许服务资产；在特许服务安排结束时获得指定资产的权利；续约和终止选择权；其他权利和义务（如特许服务资产的大修）；为运营方提供特许服务资产或其他创收资产的义务；报告期间发生的安排变化。

根据规定，应当针对每项特许服务资产安排分别提供，或针对每类特许服务资产安排合计提供披露。一类是按特许服务安排和涉及类似性质的服务披露（如收费、电讯或水处理服务）。另一类是按照特许服务经营资产的类别进行披露（如收费桥可以与其他桥组合，收费桥与收费公路可以分为一组）。

（六）应用指引

本准则旨在反映国际财务报告准则解释委员会特许服务安排的解释，其中规定了私营部门运营方在特许服务安排中的会计要求。因此，资产的确认范围、资产确认原则和术语与国际财务报告准则解释第 12 号——特许服务协议中的适用指南一致。但是，由于本标准解决了涉及的授予方的会计问题，如当授予方有义务向经营方提供一系列服务特许经营资产（如建造、开发、收购或升级）时，应确认金融负债。根据国际财务报告准则解释第 12 号——特许服务协议规定的计量要求，运营方确认其提供的建设、开发、采购、升级和运营服务的收入。根据国际财务报告准则解释第 12 号——特许服务协议，运营方不应当将在进入特许服务安排之前就把在建工程确认为不动产、厂场和设备。授予人授予运营方从特许服务资产或其他创收资产的第三方用户获得收入的权利时确认负债。根据国际财务报告准则解释第 12 号——特许服务协议，运营方确认为无形资产。授予人授予运营方且不对其进行控制的资产终止确认。根据国际财务报告准则解释第 12 号——特许服务协议决议，运营方应当就其为换取资产而承担的义务确认负债。

特许服务安排的共同特点是：授予人是公共部门实体；运营人至少负责服务特许经营资产及相关服务的部分管理，不仅仅代表授予人担任代理人；该安排规定了运营方征收的初始价格，并规定了特许服务安排期间的价格修正；运营方有义务在安排期结束时以特定条件将特许服务权资产移交给授予人，无论是最初为其提供资助的资金有多大。该安排服从于设定业绩标准、价格调整机制和仲裁争议安排的约束性安排。服务特许经营资产的例子有：为了交付公共服务的道路、桥梁、隧道、监狱、医院、机场、配水设施、能源供应和电信网络、军事和其他业务的永久性设施以及用于管理目的固定资产或无形资产。

1. 特许服务资产的确认和初始计量

确认特许服务权资产。确认特许服务权资产的判断，应考虑该安排的所有事实和情况判断。控制或管理可以通过有约束性安排或其他方式（如通过第三方监管机构来管理在授予人所在的同一行业或部门中运营的其他实体）实现，也包括授予人购买所有的产出，或者其他人购买了全部或者部分产出的情形。约束他人获取资产利益的能力是控制的一个基本要素，这一要素将实体的资产与那些所有人都能获取并受益的公共物品区别开来。约束性安排确定了运营方征收的初始价格，并规定了特许服务安排期间的价格修正。当约束性安排将控制使用特许服务资产的权利转让给授予人时，该资产需符合规定的与运营者必须向谁提供服务的相关条款。

授予人不需要完全控制价格：价格由授予人（如通过封顶机制），约束性安排或管理其他经营实体的在与授予人相同的行业或部门的第三方监管机构进行监管就足够了（如医院、学校等）。但是该条件适用于协议的实质内容。非实质性特征，如仅适用于偏远地区的情形将被忽略。相反，如果一项安排的目的是让运营方可以自由设定价格，但向授予人返还超额利润，则需约束运营方的收益上限，并且价格需要满足规制要求。若经营实体在特定经济部门中，那么大多数政府部门有权直接或专门设立的机构来规范其行为。上述广泛的监管权力其实并不构成控制权。在本标准中，"规范"一词只适用于特许服务安排的特定条款和条件。例如，铁路服务监管机构可以确定适用于整个铁路行业的费率。根据某个司法管辖区的法律框架，这种费率可能隐含在有关提供铁路运输的特许服务安排的约束性安排中，也可能是被特别提及的情形。然而在这两种情况下，特许服务协议资产的控制权来源于合同或类似的约束性安排，或来自适用于铁路服务的具体规定，而不是因为授予人是与铁道部门相关的公共部门。

授予人对任何重大剩余权益的控制应既包括限制经营人出售或抵押资产的权力，又包括在特许服务安排期间能持续使用的权力。资产的剩余权益是估计的资产现值，计量时应当假设资产已经处于特许服务安排期末的年限和状态。

控制与管理应当区分开来。如果授予人保留了控制程度和资产的任何重大剩余权益，即使在许多情况下，经营人可能拥有较大的管理自由裁量权，那么经营人仍属于代表授予人管理资产。准则确定了资产（包括任何所需替代物）在其整个经济生命周期何时受到授予人控制。例如，如果授予人控制最终替换中的任何重大剩余权益，则准则适用于整个资产，包括被替换的部分。有时特许服务资产的使用部分按照固定方式进行管理，部分则不予管理。但是，这些安排有多种形式：任何资产在实物形态上可分别能够独立运作，且符合国际公共部门会计准则第 26 号——现金产生资产减值中所界定的能独立产生现金单位的定义，如果这些资产是完全用于不受管理部分的目的，那么需要分别对这些资产进行分析，以确定是否符合规定的内容（这种情况的例子就是医院中的私人部门，该医院的其余部分由授予人用于治疗公共病人）。当纯粹的辅助活动（如医院商店）不受管制时，实施控制测试时，就假设不存在这些服务，因为在准则授予人控制服务各种方式中，存在的辅助活动不会减损授予人对特许服务协议资产的控制权。运营方可能有权使用可分离资产，或用于不受管制的服务提供辅助。但无论哪种情况，实质上都可能属于授予人向经营人出租的租约，应按照国际公共部门会计准则相关规定进行核算。

2. 授予人现有资产

该安排可能涉及授予人的现有资产：为了特许服务安排的目的，授予人为此向运营方提供帮助；授予人为了产生收入作为提供特许服务经营资产的补偿而向运营人补贴。根据准则要求，按照公允价值计量（或关于终止资产）资产。本标准的目的是对特许服务安排中使用的授予人现有资产进行重新分类，而不是对其进行确认。只有对授予人的现有资产进行升级（如增加其容量）才能按照关于终止资产规定，被视为特许服务资产。

在适用国际公共部门会计准则第 17 号——物业、厂房和设备或国际公共部门会计准则第 31 号——无形资产减值测试时，除非影响资产使用的未来经济利益或服务潜力发生了变化，授予人不一定考虑向运营方授予特许服务而导致减值。授予人酌情参照国际公共部门会计准则第 21 号——非现金产生资产减值或国际公共部门会计准则第 26 号，确定在这种情况下是否出现了任何减值迹象。如果资产不再符合确认条件，则授予人酌情遵循国际公共部门会计准则第 17 号——物业、厂房和设备或国际公共部门会计准则第 31 号——无形资产中的终止确认原则。例如，如果资产永久转移给运营方，它将被终止确认。如果资产是暂时性转移，则授予人在确定资产是否应予终止确认时，应考虑特许服务安排期限的实质。在这种情况下，授予人还会考虑安排是租赁交易还是售后回租交易，这些交易应根据国际公共部门会计准则相关规定进行核算。当特许服务安排涉及升级授予人的现有资产以提高资产的未来经济利益或服务潜力时，应对升级进行评估，以确定其是否符合本准则的内容。如果满足这些条件，升级将按照本标准进行确认和计量。

3. 运营方的现有资产

运营方可以提供之前未购建、开发或获得的资产，以用于特许服务安排。如果安排涉及运营方的现有资产且该资产是运营方为特许服务安排的目的而使用的，则授予人应当确定该资产是否符合本准则关于整个周期使用资产的条件。如果符合确认条件，则授予人应当将该资产确认为服务特许资产并根据本标准对其进行会计处理。

4. 购建或开发资产

如果建造或开发的资产符合本准则的条件，则授予人根据本标准确认和计量该资产。国际公共部门会计准则第 17 号——物业、厂房和设备与国际公共部门会计准则第 31 号——无形资产规定了应当确认为特许服务资产的标准。在以下情况下，按照公共部门会计准则第 17 号——物业、厂房和设备与国际公共部门会计准则第 31 号——无形资产要求确认为资产：（1）与项目相关的未来经济利益或服务潜力可能会流向实体；（2）该项目的成本或公允价值能够可靠地计量。

在确定是否需要在资产建造或开发期间确认特许服务资产时，应当考虑这些标准以及具有约束性安排的具体条款和条件。对于房地产、厂房和设备以及无形资产，如果确认标准可以在建设或开发期间得到满足，那么授予人通常会在该期间确认特许服务资产。第一个确认标准是对授予人有经济利益或服务潜力。从授予人的角度来看，特许服务资产的主要目的是代表作为公共部门的授予人提供服务潜力。与授予人为自用而构建或开发的资产类似，授予人将在建造或开发成本发生时，根据约束性安排的条款进行评估，以确定特许服务资产的服务潜力是否可能流入授予人。第二个确认标准是要求资产的初始成本或公允价值能够可靠地计量。因此，为符合国际公共部门会计准则第 17 号——物业、厂房和设备与国际公共部门会计准则第 31 号——无形资产中的确认标准，授予人在其建设或开发过程中必须拥有关于该资产的成本或公允价值的可靠信息。例如，如果特许服务安排要求运营人在资产的建造或开发过程中向授予人提供进度报告，则所产生的费用可能是可计量的，因此其符合公共部门会计准则中关于建造资产的确认原则和公共部门会计准则的已建造资产。另外，若授予人几乎无法避免接受为符合合同规定而建造或开发的资产以及类似的约束性安排，那么成本在资产完工时确认。因此，授予人应当确认特许服务资产和相关负债。

5. 特许服务资产计量

本准则要求确认的特许服务资产按公允价值进行初始计量。此时公允价值是指用于确定建造或开发的特许服务经营资产的成本或初始确认时对现有资产进行升级的成本。在初始确认时使用公允价值并不构成根据国际公共部门会计准则第 17 号——物业、厂房和设备与国际公共部门会计准则第 31 号——无形资产进行的重估。

在特许服务经营资产进行初始确认时，其公允价值的确定会受到授予人与运营方之间交换的补偿类型的影响。在资产初始确认时应根据交换的补偿类型确定资产的公允价值：授予人向运营方支付款项时，资产初始确认时的公允价值为支付给运营方的资产付款的一部分；如果授予人没有为该资产向运营方付款，则该资产的核算方式与国际公共部门会计准则第 17 号——物业、厂房和设备及国际公共部门会计准则第 31 号——无形资产中的非货币性资产交换的核算方式相同。

6. 补偿类型

大多数时候，特许服务经营安排是很少且技术的要求因部门和管辖地而异。此外，安排的条款也可能取决于特定管辖地的整个法律框架的具体特点。在某些地方的合同条文中，可能包含一些在单独合同中不必重复的条款。根据特许服务经营安排的条款，授予人可通过下列任何组合补偿运营方提供的特许服务经营资产和服务：向运营方付款（如现金）；以其他方式补偿运营方。例如，（1）授予运营方从特许服务经营资产的第三方用户获得收入的权利；（2）允许运营方使用另一种产生收入的资产。

当授予人通过向运营方付款的方式来补偿运营方提供的特许服务经营资产的时候，资产和服务的付款金额可以是分开的（如约束性安排可以预先确定分配给特许服务经营资产的付款金额）。

7. 可分离的支付

特许服务经营安排可在多种情况下分离支付，包括但不限于以下情形：（1）支付金额的一部分可以根据特许服务经营资产本身的可用性而变化，而另一部分可以根据某些服务的使用或性能而变化，并且二者之间可以做出区分。（2）特许服务经营安排的不同组成部分可在不同的时期开展，也可分别终止。例如，可以终止单个服务部分，而不影响该安排剩余的部分继续开展。（3）特许服务经营安排的不同组成部分可以分别重新协商。例如，某服务部分是需要经过市场测试的，部分或全部的成本增加或减少可以传递给授予人，这样就可以确定与该服务相关的授予人支付的部分。

国际公共部门会计准则第 17 号——物业、厂房和设备与国际公共部门会计准则第 31 号——无形资产要求对交易中获得的资产以成本进行初始计量，成本是资产的现金价格。对于这些交易，交易价格被认为是公允价值，除非另有说明。若资产和服务的付款金额是可分离的，则特许服务经营资产的现金价格等价于特许服务经营资产部分的付款金额的现值。但是，如果资产部分的付款金额的现值大于其公允价值，则特许服务经营资产应用公允价值进行初始计量。

8. 不可分离的支付

如果授予人向运营方支付的资产和服务部分是不可分离的，那么应使用估计技术确定公允价值。出于应用本标准要求的目的，在该安排之初和重新评估时，付款金额与安排中要求的其他补偿基于相对公允价值被分为特许服务经营资产和特许服务经营安排中的其他部分（如维护和操作服务）。特许服务经营资产的公允价值只包括与资产有关的金额，不包括特许服务经营安排其他部分的金额。在某些情况下，从特许服务经营安排中分离出资产的付款金额需要授予人使用估计。例如，授予人可以通过参照不包含其他部分的同一合约中可比资产的公允价值，或者通过参考同类安排来估计特许服务经营安排中其他部分的支付金额，然后从总付款金额中扣除这部分，来估计相关资产的付款金额。

9. 运营方接受其他形式的补偿

本准则交易类型是非货币性交换。根据国际公共部门会计准则第 17 号——物业、厂房和设备与国际公共部门会计准则第 31 号——无形资产的规定，在下列情况下提供指导。当运营方被授予从特许服务经营资产的第三方用户处或另一创收资产处获得收入的权利或从授予人处获得非现金补偿时，授予人不直接承担获取特许服务经营资产的成本。这些对运营方的补偿形式既是为了补偿运营方建造特许服务经营资产的成本，也是为了补偿在特许服务经营安排活动期间的运营成本。因此，授予人首先需要以符合准则的方式计量该部分资产。

10. 后续计量

初始确认之后，授予人将国际公共部门会计准则第 17 号——物业、厂房和设备与国际公共部门会计准则第 31 号——无形资产应用于特许服务经营资产的后续计量和终止确认。出于应用国际公共部门会计准则第 17 号——物业、厂房和设备与国际公共部门会计准则第 31 号——无形资产的目的，特许服务经营资产应该被视为一个单独的资产类别。国际公共部门会计准则第 21 号和第 26 号也用来考虑是否有任何迹象表明特许服务经营资产受损。本标准中的这些要求适用于所有根据本标准确认或分类为特许服务经营资产的资产。

负债确认和计量。授予人只有在按照本准则确认特许服务经营资产时，才会规定确认一项负债。根据确认的负债性质，在每一种情况下都因其内容不同而有所不同。

金融负债模型。当授予人必须无条件向运营方支付预先确定的一系列款项时，该负债是指在国际公共部门会计准则第 29 号——金融工具确认和计量中定义的金融负债。如果与运营方的约束性安排是可由法律强制执行的，授予人几乎没有规避义务的自由裁量权，那么授予人就有无条件的义务。当授予人以一系列预先确定的支付形式为特许服务经营资产和提供服务的成本向运营方提供补偿时，预先确定的一系列属于资产的支付金额的一部分将被确认为一项负债。这项负债不包括财务费用和服务部分的付款金额。授予人在确认特许服务经营资产之前向运营方支付任何款项的，授予人将这些款项确认为预付款项。如果可行的话，财务费用应根据运营方针对特许服务经营资产的资本成本确定。

如果运营方对特许服务经营资产的资本成本无法确定，则使用特许服务经营资产的安排中隐含的利率、授予人的增量借款利率或另一种适合于安排的条款和条件的利率。在没有足够资料的情况下，用于确定财务费用的利率可根据获得类似资产的预期利率（如在类似地点和类似期限租用类似资产）来估计。利率的估计应同时包括：（1）付款金额的现值；（2）资产的假定公允价值；（3）假定的剩余价值，以确保所有数字都合理和相互一致。

在授予人参与融资的情况下（如通过向运营方提供建设、开发、收购或升级特许服务经营资产的资金或通过担保），可以使用授予人的增量借款利率来确定财务费用。除非资产组成部分或安排的全部内容重新协商，否则用于确定财务费用的利率随后不得改变。根据国际公共部门会计准则第 28 号——金融工具——列报、国际公共部门会计准则第 29 号——金融工具确认和计量、国际公共部门会计准则第 30 号——金融工具披露，特许服务经营安排中与负债相关的财务费用与其他财务费用相一致。确定的付款金额的服务部分通常在特许服务经营安排的期限内得到平均确认，因为这种确认模式最符合服务条款。有些费用需要另行补偿且时间已知的，视为已发生。

授予运营方权利。当授予人向运营方补偿特许服务经营资产和提供服务时，会授予运营方从特许服务经营资产的第三方用户获得收入的权利，即运营方拥有在特许服务经营安排的期间获得收入的权利。同样，授予人从特许服务经营安排中得到的资产中获得利益，以换取在安排期间授予运营方的权利。因此，不能立即确认收入。相反，对尚未获得收入的任何部分确认为一项负债。通常在特许服务经营安排的期限内，向运营方提供特许服务经营资产的使用权，然后基于特许服务经营安排的经济实质，确认收入并减少负债。授予人可通过付款和授予运营方直接从第三方用户获得收入的权利相结合的方式补偿运营方。在这种情况下，如果运营方赚取第三方收入的权利大大减少或消除了授予人预先确定的对运营方的一系列付款，则减少负债（如授予人未来预先确定的一系列支付的期限被减少或消除）。

当授予人通过提供产生收入的资产（特许服务经营资产除外）来补偿运营方提供的特许服务经营资产和服务时，确认收入；同时，确认的负债减少。在这种情况下，授予人也遵循国际公共部门会计准则第 17 号——物业、厂房和设备或国际公共部门会计准则第 31 号——无形资产中终止确认的规定来处理。

在某些情况下，授予运营方权利的模型，可能会有"影子收费"。特许服务经营资产的建造、开发、收购或升级以及运营方的运作，均须支付部分影子收费。如果授予人仅为第三方用户使用特许服务经营资产向运营方支付报酬，则该报酬是对特许服务经营资产使用的补偿，而不是对特许服务经营资产的购买。因此，这种付款不涉及本准则规定的负债。授予人仅在特许服务经营资产的使用范围内对运营方进行补偿，并按照国际公共部门会计准则第 1 号——财务报告列报的规定把这种付款核算为费用。

区分安排。如果运营方因为特许服务经营资产收到的补偿，一部分是一系列预先确定的付款，另一部分是获得因为第三方使用特许服务经营资产或另一个盈利资产而赚取收入的权利，那么与授予人补偿有关的负债的每一部分，都有必要分别加以说明。在这种情况下，对运营方的补偿分为预先确定的一系列付款的金融负债部分和授予运营方通过第三方使用特许服务经营资产或另一种创收资产获得收入权利部分。负债的每一部分最初都应按支付或应付的公允价值确认。

其他负债、承诺、或有负债及或有资产。特许服务经营安排可能包括各种形式的融资担保（如一种担保、保证或与运营方为特许服务经营资产的建设、开发、收购或升级而产生的债务有关的补偿）或履约担保（如保证最低收入包括对短缺的补偿）。授予人做出的某些担保可能符合融资担保合同的定义。无论授予人为特许服务安排的一部分所作的担保是否符合融资担保合同的定义，都将应用国际公共部门会计准则第 28 号——金融工具列报、国际公共部门会计准则第 29 号——金融工具确认与计量和国际公共部门会计准则第 30 号——金融工具披露来核算。担保是保险合同的，授予人可以选择运用与保险合同有关的国际或国家会计准则。不符合国际公共部门会计准则关于融资担保合同的要求或非保险合同的担保和承诺，则按照国际公共部门会计准则第 19 号——准备、或有负债与或有资产进行核算。或有资产或负债可能因特许服务经营安排的条款存在争议而产生。这些或有事件按照国际公共部门会计准则第 17 号——物业、厂房和设备、国际公共部门会计准则第 19 号——准备、或有负债与或有资产进行核算。

其他收入。运营方可向授予人提供一系列预先确定的资源流入，以补偿授予人获得特许服务经营资产的权利，包括：（1）预付款或一系列的付款；（2）收入分成补偿；（3）减少授予人应向运营方支付的预先确定的一系列付款；（4）向运营方提供创收资产的租金。

当运营方在特许服务经营安排的期限内，向授予人提供一笔预付款、一系列付款或其他补偿，以获得使用特许服务经营资产的权利时，授予人按照国际公共部门会计准则第9号——来自交易收入的规定对这些付款进行核算。收入确认的时间由特许服务经营安排的条款和条件决定，该条款规定授予人有义务向运营方提供特许服务经营资产的使用权。运营方提供预付款、一系列付款或对授予人的其他补偿，即有权从第三方使用特许服务经营资产或另一项创收资产中获得收益，除特许服务经营资产外，在这些情况下，在满足收入确认条件之前，从运营方处收到的在非会计期间赚取款项的任何部分都被视为负债。当收入确认条件得到满足时，确认收入，同时减少负债。然而，鉴于可用于特许服务经营安排资产类型的性质不同和多年的安排运营，可能会有更合适的替代方法来确认与约束性安排中规定的资源流入相关的收入，以更好地反映运营方能够对特许服务经营资产和货币时间价值进行经济补偿。例如，采用复利因素的年金方法，可以更平均地以折现的方式确认收入，而不是名义上的方式，这种方法可能更适合于长期的特许服务经营安排。

当从运营商那里收到预付款时，收入就会得到确认，这一方式更好地反映了经营商能够对特许服务经营资产或货币时间价值进行经济补偿。例如，当运营方被要求在特许服务经营安排的期限内支付年度分期付款，或在特定的期限内支付预先确定的总额时，该收入在规定的期限内得到确认。在特许服务经营安排下，运营方被授予从特许服务经营资产的第三方使用者获得收入的权利，收入与提供服务时所获得的经济利益流入有关，因此，在负债减少的同时，收入也以相同的方式得到确认。在这种情况下，授予人通常会与运营方协商在安排中增加收入分成条款。作为特许服务经营安排的一部分，收入分成可能基于运营商获得的所有收入，或基于高于某个阈值的收入，或超过运营方需要达到指定回报率的收入。

在或有事件（如达到收入阈值）发生后，根据有关协议的实质内容，授予人确认特许服务经营安排中收入分成条款所产生的收入。授予人根据国际公共部门会计准则第 19 号——准备、或有负债与或有资产确定或有事件发生。授予人需要向运营方支付的未来预定的一系列款项的减少，为授予人提供了预付的非现金补偿。负债减少时同时确认收入。当运营方为获得创收的资产而支付名义租金时，租金收入按照国际公共部门会计准则第 23 号——非交易收入（税收和转让）确认。

11. 报告和信息披露

有关特许服务经营安排各方面的披露，可按现行标准予以处理。本标准只涉及与特许服务经营安排有关的额外披露。如果特许服务经营安排的某一特定方面的会计处理按照另一个标准处理，授予人除了遵循要求外，还遵循该标准的披露要求。

国际公共部门会计准则第 1 号——财务报告列报要求在财务状况报表中单独列出财务成本。按照第 21 条确定的财务费用包括在本项目内。除了披露外，授予人也适用于其他国际公共部门会计准则中有关资产、负债、收入和费用的报告和披露要求。

12. 转换

如果授予人之前没有确认特许服务经营资产，可根据本准则的规定，选择以认定成本的方式，对特许服务经营资产和相关负债提前进行确认与计量。认定成本是财务报表中列出的比较信息的最早期确定的。

特许服务经营资产的认定成本应采用以下计量基数确定：（1）对于财产、厂房和设备——公允价值或折旧的重置成本，是作为在没有市场的情况下估计公允价值的一种手段。国际公共部门会计准则第 17 号——准备、或有负债与或有资产允许使用公允价值或折旧的重置成本进行重估。（2）对于无形资产——公允价值。国际公共部门会计准则第 31 号——无形资产只允许使用公允价值进行重估，因此认定成本仅限于使用公允价值确定。

有关负债应采用下列方法确定：（1）对于金融负债模型下的负债，应采用约束性安排中规定的剩余合同现金流。（2）对于授予运营方权利模型下的负债，应采用资产的公允价值减去任何金融负债，以反映特许服务经营安排的剩余期限。折旧或摊销是基于认定成本，并从实体确定认定成本的日期开始。

13. 在金融负债模型下的认定成本的使用

授予人在金融负债模型下使用认定成本时，可以计量：（1）公允价值下的特许服务经营资产；（2）在财务报表中列出比较信息的最早期确定的，采用约束性安排中规定的剩余合同现金流确定的金融负债。

资产的价值与金融负债之间的任何差额都直接以净资产的形式确认。如果实体选择国际公共部门会计准则第 17 号——物业、厂房和设备与国际公共部门会计准则第 31 号——无形资产中的重估模型作为其会计政策，这个差额将包含在任何重估盈余中。

14. 在授予运营方权利模型下的认定成本的使用

授予人在授予运营方权利模型下使用认定成本的，可以计量：（1）公允价值下的特许服务经营资产；（2）因获得特许服务经营资产而产生的任何未获得的收入所对应的负债。该金额应确定为资产的公允价值减去任何金融负债，以反映特许服务经营安排的剩余期限。

（七）结论基础

在涉及特许服务经营协议的会计处理以公共部门会计准则第 1

号——财务报表列报中其他国际或国家会计准则为指导。在涉及私营部门参与的协议方面，将参考国际财务报告准则解释第 12 号——特许服务协议。但是，国际财务报告准则解释第 12 号——特许服务协议着重运营方的会计核算，不为授予人的会计处理提供指导。国际公共部门会计准则委员会认为，该准则将促进公共部门特许服务协议报告的一致性和可比性。

1. 范围

在考虑了 2008 年 3 月咨询文件"特许服务协议的会计和财务报告"制定过程中涉及的公共和私营部门协议后，国际公共部门会计准则委员会认为本准则的范围应该与国际财务报告准则解释第 12 号——特许服务协议相一致，特别是授予人确认特许服务资产的标准。理由是这种做法要求同一协议的双方采用相同的原则来确定由哪一方确认特许服务协议中使用的资产。因此，不满足本准则特许服务资产确认条件的协议，不在本准则的范围内。国际公共部门会计准则委员会认为，这种方法可以最大限度地减少授予方和经营方双方都对或都不对资产进行会计处理的可能性。国际公共部门会计准则委员会认为，准则应对本准则范围以外的协议提供相关国际公共部门会计准则的实施指南。实施指南包含说明本准则适用情况的流程图以及本准则范围之外的其他类型协议的相关国际公共部门会计准则参考表。国际公共部门会计准则委员会认为，授予人因特许服务资产向运营方支付对价，为该对价的会计处理提供专业指导是非常重要的。该对价可能是给运营方一系列可确定的现金或现金等价物或从特许服务资产及创收资产的第三方用户收取费用的权利，或者两种类型对价的组合。

每种类型的对价都会导致具体的会计问题，国际公共部门会计准则委员会为此提供了指导，以促进该准则的一致应用。国际公共部门会计准则委员会还认为，由于某些特许服务协议的独特特征（如收入分享条款），在将国际公共部门会计准则第 9 号——

来自交易收入确认的公共利益确认原则应用于特许服务协议，必须提供指导。本准则没有规定运营方的会计处理方法，因为它在国际财务报告准则解释第 12 号——特许服务协议中得到了解决。在许多情况下，运营方是私营部门，国际公共部门会计准则并不适用于私营部门。授予人和运营方也可以是政府企业（GBE）。国际公共部门会计准则不适用于政府企业。国际财务报告准则（IFRS）适用于私营部门和政府企业。他们回应表示，准则的范围应扩大到包括公共部门特许服务安排。国际公共部门会计准则委员会指出，这种协议的会计处理不是该项目的主要目的，该项目旨在解决当项目授予人是遵循权责发生制时会计处理情况。国际公共部门会计准则委员会指出，根据公共部门授予人的国际公共部门会计准则第 3 号规定，本准则的应用是适当的，并且作为授予人的公共部门可能也会运用相关国际或国家会计准则来对特许服务协议进行会计处理。

2. 定义

之前准则没有提供定义，因为国际财务报告准则解释第 12 号——特许服务协议没有这样做。国际公共部门会计准则委员会认为本准则应包括定义。即使国际财务报告准则解释第 12 号——特许服务协议使用该术语，国际公共部门会计准则委员会不同意使用"基础设施"一词指代特许服务协议中使用的资产。国际公共部门会计准则委员会指出，该术语在国际公共部门会计准则中的使用方式可能与本准则不完全相符。此外，该术语在某些司法管辖区与在国际财务报告准则解释第 12 号——特许服务协议所使用的含义不同。为了确保所提及的资产是根据本准则中的资产被称为"特许服务经营资产"。该术语旨在涵盖国际财务报告准则解释第 12 号——特许服务协议中设想的相同类型的资产。

"约束性协议"一词以前没有定义过，但是在其他公共部门会

194

计准则中用于描述给予当事人类似权利和义务的安排，其意义与合同类似。国际公共部门会计准则委员会认为，就本准则而言，应定义该术语以确保本准则的一致应用。

3. 确认特许服务权资产

特许服务协议中的主要会计问题是授予人是否应确认特许服务权资产。国际公共部门会计准则委员会认为，可以用风险收益法和控制权法来判断授予人是否应该确认该资产。风险和收益方法侧重于协议中条款及条件的经济方面。国际公共部门会计准则委员会认为这一侧重点不适合特许服务经营协议，因为从授予人的角度来看，特许服务经营资产的主要目的是代表授予人使用特许服务经营资产提供特定的公共服务，而不是以提供经济利益，例如由这些资产产生的收入（来自用户费用）。因此，资产的服务潜力赋予授予人。只有在运营方被授予从第三方用户获得特许服务权资产或其他创收资产收入的权利情况下，特许服务协议才可能产生经济利益。控制权方法侧重于对特许服务资产的经济利益和服务潜力的控制权。

由于特许服务协议中，授予人与运营方之间共担风险，因此国际公共部门会计准则委员会也质疑是否可以建立足够客观的标准来评估风险和回报，以确定一致的结果。此外，各种风险和报酬的加权被认为是有问题的。因此，国际公共部门会计准则委员会认为风险和收益法是不恰当的。国际公共部门会计准则委员会还考虑了权利和义务方法是否合适。虽然这种做法可能具有概念上的优点，但公共部门会计准则委员会认为这将代表公共部门资产、负债的会计和财务报告发生重大变化，这可能会有特许服务协议之外的影响。鉴于国际公共部门会计准则委员会决定补充采用基于控制法的国际财务报告准则解释第 12 号——特许服务协议，国际公共部门会计准则委员会认为权利和义务方法不适用于本准则。

国际公共部门会计准则委员会认为，以控制为基础的做法是确定授予人是否应确认资产的最有效手段。如果采用基于控制的方法，则应该与国际财务报告准则解释第 12 号——特许服务协议一致，因此，本准则仅涉及有下列行为的授予人的协议：（a）控制或管理运营商提供的服务，以及（b）在协议结束时控制特许服务资产的任何重大剩余权益。根据国际财务报告准则解释第 12 号，就全寿险资产而言，只有符合（a）条件的资产才能确认为特许服务权资产。国际公共会计准则委员会认为，重要的是强调特许服务协议是一项具有约束力的协议。因此，评估特许服务资产是否应予以确认，是基于该协议的所有事实和情况。它只打算应用特许服务协议特有的规定，而不是从授予人的角度广泛理解公共部门监管权力看法。本标准"规定"一词以确定设保人是否应承认特许服务资产的指导原则。一些受访者断言，提供这种额外的指导意见会导致与国际财务报告准则解释第 12 号——特许服务协议的不对称，因为对该术语的含义没有额外的指导。国际公共部门会计准则委员会认为，为确保公共部门授予人与私营部门运营商在确定是否承认特许服务资产时适用"规定"标准之间存在对称性，公共部门可能已经考虑了这一点，这个术语在政府的广泛监管权力的范围内。

4. 确认负债

有两种可能产生负债的情况，当授予方根据支付运营方的对价的性质确认特许经营权资产时与当授予方确认特许服务经营资产时。这项负债可能是金融负债与履约责任的任何组合。当授予方向经营方提供一系列可确定的现金或现金等价物支付时，金融负债发生；而授予人给予经营方补偿，经营方有权获得运营特许服务资产权利或授予运营方使用其他创收资产的权利时，履约责任产生。授予根据国际公共部门会计准则第 19 号——准备、或有资产与或有负债对履约责任进行会计计量。

受访者要求澄清这一问题，特别是关于"履约义务"。受访者的关注点概述如下。部分受访者认为，向特许服务使用者收取使用费用的权利或授予运营方使用其他创收资产的权利与独立于该资产的对价无关。这些受访者强调，提供权利是大多数特许服务经营协议的一个特点，如果要予以确认，该确认不应取决于授予人向运营方的支付现金流。虽然被描述为履约义务，但未来期间授予方经济资源的流出。因此，这些答复者质疑国际公共部门会计准则第 1 号定义的负债或国际公共部门会计准则第 19 号定义的准备金是否可以公允地表示存在。此外，其他一些答复者可能因上述担忧而要求澄清"履约义务"的含义。其中一些受访者质疑这一"平衡项目"的性质是否是递延收入。

国际公共部门会计准则认为需要澄清这个问题。国际公共部门会计准则委员会指出，使用"履约义务"一词可能会引起混淆，因为它在国际公共部门会计准则第 23 号——非交换交易（税收和转让）中使用。国际公共部门会计准则委员会指出，特许服务协议是交换交易而不是非交换交易，因此最好不要使用与交换交易相关的术语。

在国际财务报告准则解释第 12 号——特许服务协议中，当运营方不控制特许服务经营资产时，运营方根据哪一方承担需求风险来确认金融资产或无形资产。国际公共部门会计准则委员会认为，为保持与国际财务报告准则解释委员会第十二届会议的对称性，授予人应采用同样的方法。因此，当授予人按照本准则确认特许服务经营资产时，确定了两种模式来核算：金融负债模式和授予运营方权利模式（取代"履约义务"）。国际公共部门会计准则决定将使用的术语从"履约义务"修改为"责任"的使用，并不改变授予人特许服务协议的会计处理方式。

5. 金融负债模式

如果授予人通过交付现金或其他金融资产以换取其对特许服

务经营资产的控制来补偿运营方，国际财务报告准则解释第 12
号——特许服务协议将此类协议归类为"金融资产模型"，因为运
营方收到金融资产。本准则将此类安排称为"金融负债模型"，因
为授予人有金融负债。当授予人有义务向经营人付款时，由于授
予人因为有约束力的协议将现金或其他金融资产交付给另一实体
（经营人）而有义务，因此产生了金融负债。国际公共部门会计准
则委员会进一步得出结论，当有可确定的一系列现金或现金等价
物的支付时，支付应作为负债的减少，作为财务费用处理，运营
商根据特许服务安排提供的服务收费。

　　特许服务协议通过一项具有约束力的协议来达成，其中可能
包括合同或类似的协议，赋予当事人类似的权利和义务，如同合
同形式一样。国际公共部门会计准则委员会认为，如果存在类似
的协议，赋予当事人双方相同的权利和义务，就如同它们采取合
同形式一样，国际公共部门会计准则第 28 号——金融工具——列
报，国际公共部门会计准则第 29 号——金融工具——确认和计量
以及国际公共部门会计准则 30——金融工具——披露，应该类比
应用于这种协议中。在考虑背离国际财务报告准则解释第 12
号——特许服务协议时，国际公共部门会计准则委员会指出，国
际财务报告准则解释第 12 号——特许服务协议的主要特征是制定
本标准的"镜像"方面的主题，限于要包括协议的范围以及承认
和披露要求。国际财务报告准则第 12 号规定金融资产须根据金融
工具的国际财务报告准则入账。本准则金融负债模型下用于确定
财务费用的利率提供了指导。国际公共部门会计准则委员会认为，
授予人通常没有足够的信息来确定市场利率。因此，规则要求运
用运营商的资金成本。它还允许其他费率适用于特许服务协议的
具体条款和条件。

　　6. 授予模式

　　在回答答复者提出的问题时，国际公共部门会计准则委员会

重新考虑了授予人对特许服务资产所给予的代价的性质，运营方从其收回资产价格从特许服务资产或另一项创收资产的第三方用户赚取收入。国际公共部门会计准则委员会注意到，在这种情况下，特许服务资产的现金代价并未由授予人承担，而由特许服务资产或其他创收资产的用户承担。这种安排的经济实质是增加了授予人的净资产，因此收入增加并应予以确认。由于特许服务经营安排是交换交易，董事会在考虑收入的性质和确认收入的时间时提及了国际公共部门会计准则第9号。

在运营方承担需求风险的情况下，授予人通过授予权利（如许可证）向与特许服务资产或另一项创收资产相关的公共服务用户收费。授予人为运营方提供对资产的访问权，以便为运营方获得特许服务资产的建设、开发、收购或升级方面的补偿。国际财务报告准则解释第12号——特许服务协议将此类协议归类为"无形资产模型"。本准则将此类协议称为"授予运营方权利模式"。因此，国际公共部门会计准则委员会考虑信贷是作为负债记账，还是作为净资产或权益的直接增加或作为收入。在这种情况下，授予人没有负债，因为特许服务协议是资产交换，在特许服务协议期间，授予人用给运营方的权利获得特许服务权资产，该权利可以从第三方使用者赚取收入。部分受访者表示，该信贷应被视为净资产或权益，符合国际公共部门会计准则第1号——财务报告列报，该准则将净资产或权益定义为企业资产扣除所有负债后的剩余权益。国际公共部门会计准则第1号设想了净资产或权益的四个组成部分。这些组成部分包括：注册资本，即报告日所有者缴纳资本累计总额，减去所有者分配；累计盈余或赤字；准备金，包括净资产或净值中每个准备金的性质和目的的描述；少数股东损益。

国际公共部门会计准则委员会认为，贷款并不代表授予人的净资产或权益的直接增加，因为信贷不是净资产或权益的组成部分之一，原因如下：所有者权益被定义为未来的经济利益或服务潜力，已经由企业外部贡献给企业（除导致实体负债的部分以外）在实体的净资产或权益中确立财务利益。其中，（a）将权利分配给（i）分配企业剩余年限未来经济利益或服务潜力，该类分配由所有者或其法定代表人酌情决定，以及（ii）在企业清算时分配资产超过负债的部分；和（b）可以被出售、交换、转让或赎回。与确认特许服务经营资产相关的信贷不符合该定义，因为经营人未向授予人投入资本从而导致 IPSAS1 设想的财务收益。累计盈余或赤字是企业盈余和赤字的累积。与确认特许服务资产相关的信贷代表单独交易，而不是累积。准备金一般来自直接从净资产或权益中确认的国际公共部门会计准则中具体要求中的项目，包括资产重估（如房地产、厂房、设备、投资）的收益和损失。与确认或重新分类特许服务资产有关的信贷并不代表指定直接在净资产或权益中确认的收益或损失，因为它涉及交换交易，而不涉及授予人现有资产的重估。授予人的现有资产在特许服务协议中使用并继续符合本准则的控制标准时，将被重新分类，因此不会进行重估。少数股东权益被定义为控制实体的净资产或股权应占盈余或赤字和净资产或权益中的那部分，并非由控制实体直接或间接通过受控实体拥有。少数股东权益可能会出现，例如，在整个政府层面上，经济实体包括一部分已经部分私有化的政府企业。因此，可能有私人股东在该企业的净资产或权益中拥有财务利益。与确认特许服务资产相关的信贷不符合该定义，因为运营方在授予人中没有这种经济利益。

　　国际公共部门会计准则委员会认为该信贷代表收入。由于特许服务协议是交换交易，因此在考虑收入本质和收入确认时点时，国际公共部门会计准则委员会提到了国际公共部门会计准则第9号——准备、或有负债与或有资产。根据国际公共部门会计准则第9号——准备、或有负债与或有资产，当出售或提供服务以换取不同的货物或服务时，该项交易被视为产生收入的交易，因为它会导致授予人的净资产增加。在这种情况下，授予人用授予运营方的权利（许可证）换取了特许服务资产，该项权利是以向授予人提供的公共服务的第三方用户收费。授予人确认的特许服务资产和运营方确认的权利（无形资产）不一样。但是，在信贷满足收入确认条件前，它被确认为负债。

国际公共部门会计准则委员会指出，在这种情况下，没有现金流入与已确认的收入相等。这一结果与国际公共部门会计准则第 9 号——准备、或有负债与或有资产一致，即企业提供商品或服务以换取其他不同资产，该资产随后用于产生现金收入。收入按所收到货物或服务的公允价值计量，并由所转移的现金或现金等价物的金额进行调整。当收到的商品或服务的公允价值不能可靠计量时，收入按照放弃的商品或服务的公允价值计量，并由所转移的现金或现金等价物的金额进行调整。

国际公共部门会计准则第 9 号——准备、或有负债与或有资产定义了导致收入的三类交易：提供服务，出售货物（或其他资产）以及由他人使用企业资产而产生的收入、利息、特许权使用费和股息。在考虑收入的性质时，国际公共部门会计准则委员会分别考虑了这些类型的交易。国际公共部门会计准则委员会考虑了公共部门会计准则第 9 号中关于"授予运营方权利"模式中确认的收入确认方法，并认为这些方案都不能完全符合该模型的情况。尽管如此，国际公共部门会计准则委员会指出，他们的收入确认时点都超过了协议的期限。国际公共部门会计准则委员会确定，类推这种收入确认模式也适用于确认与该模型相关负债产生的收入。因此，在信贷满足收入确认条件前，它被确认为负债。国际公共部门会计准则委员会考虑了是否应把它确认营业费用，这些费用与授予运营方权利模式有关。国际公共部门会计准则委员会指出，授予人确认的负债仅与授予人收到的特许服务资产有关。如果确认了服务费用，设保人还必须确认每年推算收入等于年度费用。会计处理不会提供有用的信息，因为收入和等额支出将每年予以确认。在任何情况下都不可能获得有关运营商支出的可靠信息。因此，授予人不应确认与特许服务权协议相关的运营费用。

7. 其他公共部门会计准则解决的会计问题

由于许多特许服务协议的复杂性，可能存在与合同中某些条款或类似约束性协议（如收入、费用、担保和意外事件）相关的其他会计问题。国际公共部门会计准则委员会认为，没有必要在本标准中重复现有的指导原则。因此，如果现有的国际公共部门会计准则规定了特许服务经营协议的组成部分的会计核算和报告，则该准则将提及该公共部门会计准则，并且不提供任何其他指导。然而，公共部门会计准则委员会注意到一些情况（如收入确认），因为在特许服务经营安排中具有某些独特的特点，因此难以适用这些公共部门会计准则。为确保本准则的一致实施，国际公共部门会计准则委员会就如何应用其他国际公共部门会计准则原则提供了具体指导。

第二节　PPP 项目授予方会计问题

一、PPP 项目授予方资产确认与计量

PPP 项目授予方的资产处理，美国与国际公共部门会计准则委员会规定基本一致。当授予方把特许服务资产移交给项目公司时视公共基础设施产生方式不同而采取相应的会计处理。如果移交给运营方运营的公共基础是授予方现有的资产，授予方则继续持有，会计上不做转出处理，只需把资产进行重分类，因为此时

的 PPP 项目资产产权并未转移。如果移交给运营方运营的公共基础是通过运营方购建、升级或以转让对价方式交换取得的，授予方取得的公共基础设施资产则以公允价值入账。

特许服务资产后续计量需要根据 PPP 合同条款情况做相应处理。如果 PPP 合同条款对在合同期满移交公共基础设施资产有特殊规定，如要求运营方在移交时需要保证移交资产的原初服务能力，即移交资产需保持初始状态，美国与国际公共部门会计准则都要求在此种限制下不对移交的公共基础设施计提折旧。在国际公共部门会计准则委员会看来，授予方拥有特许服务资产的重大剩余权益，就是要求特许服务资产在合同期满时具有原初潜在的服务水平，而公共基础设施折旧与减值与此概念不相吻合。可是，现实中需要运营方保持特许服务资产原初状态，意味着就需要大规模的投资改建，运营方需要核算成本。保持特许服务资产的原初状态成本应该在 PPP 合同中做出规定。如果这些成本需要由授予方给予补偿的，那么对特许服务资产不计提折旧就不合理，因为这种情况下相当于授予方以支付代价取得，特许服务资产价值变动风险仍由授予方来承担，并且如何衡量特许服务资产原初状态就是一个极具有挑战性难题。所以现实中这种情况比较少见。特许服务资产的折旧与减值遵守现有会计准则。现有的政府会计准则——公共基础设施为这方面处理提供了指南。

我国目前 TOT（转让—经营—转让）、ROT（改建—经营—转让）等相类似的 PPP 项目，政府意图是需要解决地方债问题或者提前收回投资，授予方收到的转让对价是用以清偿地方政府债务或者需要立即上缴国库的，当授予方收到运营方支付价款时应按债务重组相关规定来处理。

二、PPP 项目授予方合同性义务确认与计量

PPP 项目合同性义务，在美国与国际公共部门会计准则委员

会之间存在不少差异。在美国政府会计准则准则第 60 号——特许服务协议会计和财务报告中规定，只要满足以下条件，任何合同性义务都确认为负债并以现值来计量：（1）合同义务与资本资产直接相关，这一义务与资本资产所有者相联系，转让资本资产目的是为了使其保持与合同要求相一致；（2）合同义务与授予方维持资本资产最低服务水平的承诺相联系。

国际公共部门会计准则第 32 号——特许服务协议授予方，特许服务资产的合同性义务有两种核算方式：金融负债模式与授权模式。当授予方的公共基础设施通过运营方购建、更新改造等方式产生时，如果授予方有无条件支付现金义务的，则确认为金融负债；如果授予方没有无条件支付现金义务的，则确认为尚未赚得的收入。根据国际公共部门会计准则委员会解释，如果运营方通过购建或提升公共基础设施而授予方没有无条件支付现金义务，那么授予方应把这种负债看作一种尚未赚取的收入，因为这是授予方与运营方一种非货币性交换，运营方通过公共基础设施活动取得了向第三方收费权利或获取了另外一种产生收入的资产。在国际公共部门会计准则委员会看来，这些尚未赚取的收入应该根据特许服务合同经济实质来确认为授予方收入。国际公共部门会计准则委员会把这种尚未赚取的收入也看作一种负债，是一种有条件的合同性义务。根据合同经济实质，随着义务减少同时确认授予方收入增加。

在美国政府会计准则准则第 60 号——特许服务协议会计和财务报告中，把授予方确认的资本资产价值与合同负债的差额看作资源的递延流入，确认为递延收益，当运营方把资本资产投入运营时采取系统合理的方法把递延资源流入相应地确认为授予方收入。与国际公共部门会计准则第 32 号——特许服务协议授予方规定不同，美国对 PPP 合同义务不做区分，合同收入与授予方支付代价直接相联系。这是一种简化处理方式，特点是授予方未来收入不受合同负债变动的影响，缺点是确认的合同收入很可能与 PPP 合同经济实质不相一致。

国际公共部门会计准则第 32 号——特许服务协议安排授予方规定关于合同性负债确认方式深受国际财务报告准则解释第 12 号——特许服务协议运营方会计影响，正如国际公共部门会计准则委员会解释指出那样，特许服务协议有金融资产模式与无形资产模式，相应地授予方会计也应有这样的会计处理方法，他们的授予模式对应的就是国际财务报告准则解释第 12 号——特许服务协议无形资产模式。可是从会计理论上来说，国际公共部门会计准则委员会把尚未赚取的收入看作一种负债来理解，但与负债概念是相矛盾的。负债本质特征是一种现时义务，清偿这种义务总是需要牺牲主体经济利益。[①] 而尚未赚取的收入并没有这样的特征，因为它的减少最终不会导致主体现金流出。国际公共部门会计准则委员会所谓的授予模式虽然解决了授予方与运营方会计上的错配问题，但存在解释困难，导致了理论上缺陷。

三、授予方 PPP 项目披露

根据美国政府会计准则第 60 号——特许服务协议会计和财务报告与国际公共部门会计准则第 32 号——特许服务协议安排授予方，所有影响特许服务安排的因素都应当在财务报告附注中予以披露。授予者在每个会计期间内至少应披露 PPP 项目以下内容：（1）PPP 项目协议内容；（2）影响 PPP 项目未来现金流量的金额、时间与不确定的重大条款（包括特许服务期间、重新定价日与基础等）；（3）PPP 项目资产与义务的性质和范围；（4）协议变更条件；（5）特许服务协议分类；（6）授予方每个会计期间内

[①] https：//www.ifrs.org，IASB：The Conceptual Framework for Financial Reporting，2010.

收入与损益金额。每个特许服务协议、每类服务安排应单独披露。

第三节　制定中国 PPP 项目授予方会计准则建议

从以上讨论可以看出，制定中国 PPP 项目授予方会计准则，应从 PPP 项目会计目标、范围、确认与计量、披露等方面加以规范。

一、授予方 PPP 会计目标

从政府角度来看，从事 PPP 项目事业是有益的。PPP 项目协议使政府有能力利用现有基础设施和其他公共资产，从想要获得运营此类资产权利的运营商那里，以预先支付的形式获得额外的可用资源。PPP 项目协议可用于促进新基础设施和其他公共资产的建设和融资，并将与其建设和维护相关的风险转移给私人资本。与基础设施或其他公共资产的建设、融资、运营相关的风险通常由政府和私营部门共同分担。PPP 项目协议可用于以更高效和更具成本效益的方式向公众提供服务。确定 PPP 项目协议的会计和财务报告涉及包括对财务报表要素和沟通方法的定义，以及政府对基础设施、其他公共资产的责任与政府所提供的服务。

授予方 PPP 会计目的是通过解决与 PPP 项目协议相关的会计问题来改进财务报告。授予方会计将提高报告不同的 PPP 类型协议的一致性，从而提高此类协议政府会计和财务报告的可比性。

二、授予方 PPP 会计涉及范围

PPP 协议是授予方和运营方之间的协议，应满足以下所有条

件：（1）授予方通过使用和运营资产向运营方转移提供公共服务的权利及相关义务，以换取重要对价，例如预付款、分期付款、新设施或现有设施的改进；（2）运营方收取第三方的费用并向其收取补偿款；（3）授予方控制或能够修改或批准运营方需要提供服务内容、服务对象与价格或费率；（4）授予方有权在协议结束时获得服务设施的重大剩余权益。

PPP协议包括但不限于：（1）协议规定运营方将设计和建造公共基础设施，并将获得向第三方收取费用的权利（如建设市政工程并将部分设施租赁给第三方）；（2）协议规定运营方将提供重大对价以换取进入现有设施的权利并从第三方收取使用费；（3）协议规定运营方为授予方设计和建造设施、筹集建筑成本、提供相关服务、收取相关费用，并在协议期末将设施转移给政府。

PPP会计规定应适用于以经济资源计量为重点政府财务报表。凡是不符合PPP协议定义的合同都排除在本范围之外。

三、授予方PPP项目确认与计量

如果与PPP项目协议相关的设施是现有设施，则授予方应继续将该设施确认为资产。如果与PPP项目协议相关的设施是由运营方购买或建造的新设施，或由运营方改进的现有设施，则授予方应报告（a）当它投入运营时新设施或改进的资产公允价值，（b）所有以负债形式存在的合同义务，以及（c）相应的资源递延流入，即（a）和（b）之间差额。

授予方应当承认，根据协议条款，某些义务必须牺牲财务资源。如果合同义务很重要，与其相关的负债应该按照其现值记录，并且符合下列条件之一：（1）合同义务与设施直接相关。这一义务可能与设施所有权有关，也可能来自授予方的责任，以确保设施符合协议的特定目的。（2）合同义务涉及授予方承诺维持设施运营最低或特定服务水平。

初始计量后,资产受现有折旧、减值和披露要求的约束。但是如果 PPP 协议要求运营方以原始或增强的条件将设施返还给授予方,则不应对资产进行折旧,应减少相应的资源递延流入,并从设施投入运营开始,在协议期间以系统和合理的方式确认为收入。如果记录的负债反映了清偿财务资源的合同义务,则应当在授予方的义务得到满足时减少负债。在履行合同义务时,应报告递延资源流入,并应在协议的剩余期限内系统合理地确认相关收入。运营方在 PPP 协议期限内对基础设施所做的改进应在其发生时予以资本化,并且还需要折旧、减值和披露。

如果 PPP 协议要求运营方提前付款或分期付款,授予方就应报告 (a) 预先付款或分期付款的现值作为资产,(b) 任何合同义务作为负债,以及 (c) 相关资源的递延流入量等于 (a) 和 (b) 之间的差额。资源的递延流入减少时确认为收入。该收入应在协议期限内以系统和合理的方式予以摊销。如果授予方有合同性义务,则应确认负债。

一些 PPP 协议包括收益分享条款。与授予方分享收入的政府运营方应报告所有与设施运营相关的收入和所产生的费用,包括与授予方共享的收入金额。在这种情况下,授予方应根据协议条款仅确认属于自己的共享收入。如果收入分配协议仅包含支付给授予方的金额而不考虑所获得的收入,那么在协议开始时,正如分期付款一样,这些金额的现值应由授予方和运营方一起报告。

四、授予方协议有关披露

以下信息应在授予方财务报表附注中披露:(1) 报告期内有效安排的一般说明,包括管理层进入该项目的目标,以及在施工期间项目的状态;(2) 财务报表中确认的与 PPP 项目协议相关的资产、负债和递延收益的性质和金额；（3）根据 PPP 协议，授予方保留或授予权利的性质和范围。

有些协议可能包括保证和承诺的条款。例如，授予方可能在违约的情况下负责支付运营方的债务，或者该协议可能包括对运营方的最低收入保证。对于存在担保或承诺的每个期间，应披露有关担保和承诺，包括担保或承诺标准、期限和重要合同条款。

授予方应在财务报表附注中披露与 PPP 协议所要求的其他信息。不同 PPP 协议的披露信息可以单独提供，也可以将那些涉及类似设施和风险的协议汇总后提供。

参考文献

［1］贾康、孙洁:《公私合作关系（PPP）的概念、起源、特征与功能》，载于《财政研究》2009 年第 10 期。

［2］全国 PPP 综合信息平台项目管理库，http：//www. cpp-pc. org：8086/pppcentral/map/toPPPMap. do。

［3］《国务院办公厅转发财政部 发展改革委 人民银行关于在公共服务领域推广政府和社会资本合作模式指导意见的通知》，ht-tp：//www. cpppc. org。

［4］"财政部 PPP 中心"及"道 PPP"公众号，《第三批示范项目分析报告》，http：//www. cpppc. org。

［5］《关于公布第四批政府和社会资本合作示范项目名单的通知》，http：//www. cpppc. org。

［6］《政府和社会资本合作模式操作指南（试行）》，http：//www. cpppc. org。

［7］《政府和社会资本合作项目财政承受能力论证指引》，ht-tp：//www. cpppc. org。

［8］《PPP 物有所值评价指引（试行）》，http：//www. cpppc. org。

［9］财政部会计司:《财政部关于印发企业会计准则解释第 2号的通知》，http：//kjs. mof. gov. cn。

［10］http：//archive. ifrs. org，IFRIC 12：Service Concession Arrangements，2006.

［11］https：//www. fasb. org，FASB：Update No. 2014 - 05——Service Concession Arrangements（Topic 853），a consensus of the

FASB Emerging Issues Task Force.

[12] https: //www. fasb. org, FASB: Service Concession Arrangements (Topic 853) —Determining the Customer of the Operation Services, No. 2017 – 10 May 2017.

[13] https: //www. frc. org. uk, FRS5: Reporting the substance of transactions. 1994.

[14] https: //www. frc. org. uk, accounting standards board september 1998 amendment to frs 5: "reporting the substance of transactions": private finance initiative and similar contracts.

[15] http: //archive. ifrs. org, Board discussins and Papers, IFRIC 12 Payments by an operator to a grantor in a service concession arrangement, 2015 – 2016.

[16] http: //archive. ifrs. org, Board discussins and Papers, IFRIC 12 Service Concession Arrangements with leased infrastructure, 2015 – 2016.

[17] http: //archive. ifrs. org, Board discussins and Papers, IFRIC 12 Variable payments for asset purchases and payments made by an operator to a grantor in a service concession arrangement— Cover memo and possible alternatives, 2012 – 2015.

[18] http: //archive. ifrs. org, Board discussins and Papers, IAS 16 Property, Plant and Equipment, IAS 38 Intangible Assets and IFRIC 12 Service Concession Arrangements, Variable payments for asset purchases and payments made by an operator to a grantor in a service concession arrangement—Simplified Examples, September 2015.

[19] https: //www. gasb. org, Statement No. 60: Accounting and Financial Reporting for Service Concession Arrangements, 2010.

[20] http: //www. ifac. org, IPSAS 32: Service Concession Ar-

rangements: Grantor, 2011.

[21] https://www.ifrs.org, IASB: The Conceptual Framework for Financial Reporting, 2010.